U0098466

以史為鑑

漫談明清史事

陳捷先 著

三民書局

國家圖書館出版品預行編目資料

以史為鑑：漫談明清史事／陳捷先著.－－初版一刷.
－－臺北市: 三民, 2018
面; 公分.－－(說史)

ISBN 978-957-14-6398-8 (平裝)
1.明清史

626   107004047

© **以史為鑑**
—— 漫談明清史事

著 作 人	陳捷先
責任編輯	江佳威
美術設計	李唯綸
發 行 人	劉振強
著作財產權人	三民書局股份有限公司
發 行 所	三民書局股份有限公司
	地址　臺北市復興北路386號
	電話　(02)25006600
	郵撥帳號　0009998-5
門 市 部	(復北店) 臺北市復興北路386號
	(重南店) 臺北市重慶南路一段61號
出版日期	初版一刷　2018年5月
編　　號	S 730250

行政院新聞局登記證局版臺業字第○二○○號

ISBN　978-957-14-6398-8　（平裝）

http://www.sanmin.com.tw　三民網路書店
※本書如有缺頁、破損或裝訂錯誤，請寄回本公司更換。

前　言

　　西洋史家曾說：歷史上的人與事，確實既多而又複雜，我們只有深入探究，才能洞悉人的美醜，事的因果，從而認識忠奸，辨別善惡，進一步讓我們有能力分析當下的處境，避免重犯前人不幸的錯誤。中國古人也教人「以史為鑑」，增長智慧，步上幸福之途。

　　現在時代變了，道德標準不同了，人心想法也大異於古人了，歷史還能「為鑑」嗎？筆者看誰也不能確定回答這一問題。不過，筆者以為人能多讀歷史總是有益的，至少可以從中獲得知識，對人心世態增加了解；特別是國家的領導人，以及各行各業的領袖人物，如果他們熟讀一些歷史，並從中得到若干啟示，相信他們對變革或創新制度、成就利民利國的大事業時，必有裨助。

　　筆者在這本小書裡，選錄了幾篇論文，其中有些與筆者上述主旨有關，敬供讀者諸君參考：例如〈略述明朝亡國的原因〉一文中，筆者指出明朝到中期以後，皇帝多嗜酒戀色，貪財尚氣，違祖制、拒諫言、不理政、性奢華，可以說到了

「德荒政圮」的地步。中央政府制度上又出現「三頭馬車」，即皇帝、六部、太監三大權力中心，而且互相爭權，爭鬥慘烈，政令幾乎無法推行。經濟上因內憂外患，國家支出極為龐大，宮廷藩王又無度享樂，結果以加稅來解決問題，致使人民痛苦萬分。軍事上也問題重重，軍餉不足、軍紀蕩然，士氣極低，無作戰力，加上生活清苦，根本談不上保家衛國了。由此可知：表面上看是當時的滿族興起與流民四起相因而亡了明朝，實際上人事與制度上的敗壞，才是真正重要的原因。

又如〈清初滿漢融和政策〉一文，筆者以為滿清政府當時制定的一些政策大多是成功的，對奠定他們日後統治漢人與漢地有極大極多的幫助。當年的不少政策都有著恢宏氣度，與漢人共享成果；不專為貪婪，能照顧漢人既得利益；以寬容心態評估漢人文化，更難得的是滿人統治者不惜讓自身融入「異族」漢人文化之中。這些特點，似乎可以給後人一個啟示：統治者要成就大事業，必須要有遠大眼光，智慧巧思，寬容風度與靈活方法。推行政策時也要隨時注意偏差，才能成功。如果思想狹隘，任用私人，懷抱民族意識，一味高壓報復，那只會種植更多的仇恨，造成更多的不安與災難。

他如康熙皇帝三次親征外蒙噶爾丹，確是清初歷史上的大事。戰爭成果是輝煌的，影響也是深遠的，清朝的北疆由此得到安定，內、外蒙古也從此在旗盟制度下受到清廷的管治，而帝俄對華的侵略行動，更因這三次戰役受到暫時的阻止。總之，清朝因這三次戰爭奠定了國家統一的基礎，也為

多元民族國家創造了發展經濟與文化的有利條件。康熙的智慧、經驗、膽識在這幾次戰爭中也表現過人。如果三次親征都呈現慘禍、暴行、災難與痛苦，相信後世史家們必會對他作嚴厲的批判。

　　最後，我們再來看看慈禧太后。本書中收集了幾篇有關她的文章。從中不難看出：㈠慈禧從咸豐末年干政開始，到她在光緒末年去世，前後近五十年。我們知道從鴉片戰爭到宣統退位，也僅是七十年，在這段苦難歲月裡，她竟專政了三分之二的時間，她對國家民族的命運關係至重，不言可喻。㈡她的權力慾極強，在她干政期間清廷發生不少政治鬥爭事件，如辛酉政變、參劾恭王、甲申易樞、戊戌政變、丁未政潮等等，結果都造成國家政局不安，元氣大傷，由於這些皇室權貴之爭、滿漢種族之爭、中央地方之爭、清流洋務之爭，爭到最後，終使清朝走入歷史。㈢慈禧一生行事，特重個人利益。無論是同治與光緒的婚姻，或是甲午戰爭、八國聯軍等大事件，她都先以個人利益著想，皇室親子關係不和、國家喪權辱國，對她而言似乎是次要的。㈣窮奢極侈也是慈禧的一大缺點。在國家經歷鴉片戰爭、英法聯軍、甲午戰爭、八國聯軍等失敗戰爭之後，賠款總數高達當時政府十多個財政年度的總收入，沉重負擔弄得民窮財盡；但是她還是要修建三海與頤和園等工程，並過著極為奢華的生活，終於耗盡了國家生存的氣力，亡國是不能避免了！她專權了五十年，為時不算短，尤其對民族生命的光陰來說，更顯得是無可原諒的浪費，史家們多認為她是國史上的大罪人，實非無因。

　　以上只是我在這本小集裡的部分重點、部分看法，是否正確，尚祈專家學者指正。

　　這本書能夠出版，我要感謝三民書局董事長劉振強先生的厚愛贊助。另外在校對聯絡方面，我也要感謝內子侯友蘭及好友陳龍貴等人的幫忙。

陳捷先謹識於溫哥華傍釋樓
時在 107 年初

以史為鑑

——漫談明清史事

目次

第一章

略述明朝亡國的原因

　　明朝的覆亡，從表面上看，是因為東北邊疆的滿洲興起與內地陝北等地的流民動亂，兩者相因而亡明的，但是滿洲人為什麼會起而叛亂、流民為什麼會形成嚴重問題，以及明朝政府又為什麼不能及時解決這些問題呢？我個人以為明亡不能單純以滿洲叛明與流民反政府來解釋，應該從多方面、多層次來深入探究這問題。

　　先從政治上來看。明朝建立後不久，因為丞相胡惟庸謀反，太祖朱元璋便廢了丞相，以六部為他的直轄機關，處理國家政務。六部中因吏部掌官員任命與升降的人事權，所以地位最高而顯著。朱元璋與他的繼承人成祖朱棣堪稱英主，行政大權不致旁落，國家機器都能順利運行。仁、宣兩朝以後，內閣大學士因與皇帝的關係親密特殊，皇帝經常請他們參決國家大政，大學士的權位也因而日漸高重。明朝中期的皇帝更寵信太監，六部與內閣的權力受到深一層侵奪，乃形成六部、內閣與太監衙門司禮監三足鼎立之勢，互相鬥爭，尤其是爭奪京中與外省的人事大權。明朝進入末期後，皇帝

一蟹不如一蟹，有迷信宗教的，有荒淫無道的，有多年不視朝政的，以致政事日非，國家產生了嚴重的危機。

嘉靖、隆慶兩朝，三頭馬車的鬥爭更表面化。當時嚴嵩當道，權重一時，六部為其所制，他以吏部用人考課大權作工具，傾害了不少忠良大臣。嚴嵩死後，吏部尚書嚴訥與大學士徐階合作，從公評考官員，吏治澄清不少。其後大學士高拱以內閣首輔兼吏部尚書，集閣部大權於一身，也作了一些改進政事的工作。不過朝臣中有不學無品的常趨炎附勢，或是有學有品的也會發生意氣之爭，高拱當首輔時就發生了與徐階不和的現象；後來徐階的學生張居正便與太監馮保相結，以抗高拱。萬曆初年，張居正以帝師身分得到專寵，集大權於一身，他嚴厲推行改革，一時政風得到整肅，有百廢俱興之勢。不過張居正的改革大體上是「利於下而不利於上，利於編氓不利於士夫」，因而危害到了很多富豪權貴的既得利益。張居正死後，權貴縉紳起而反攻，使「禍發身後」，張居正的家被抄，改革被罷除，官員的互鬥又進入新局面，而皇帝對士大夫官員也越發輕視，對太監較為依重了。

明朝忠直的士大夫有一種特別習性，他們不畏帝王的凌辱摧殘，而以敢言直諫為榮，即使受到廷杖、入獄、甚至身死也在所不惜，同僚與人民也尊重他們。這固然是一種美俗，但也形成了君臣間或臣僚間喜愛爭辯的風氣。本來真理是愈辯愈明的，只是人的素質不齊，品格低下的官員多為諂媚帝王作逢迎之爭，久而久之，官員間有了清濁忠奸之分；然而忠言逆耳，皇帝如若袒護小人，政壇上便逐漸形成了黨爭。

　　明世宗嘉靖年間，因皇帝入嗣問題興起了「大禮議」之
爭，從此產生了惡劣黨爭的後遺症。萬曆以後，黨爭更形激
烈，不少官員不顧國家利益與人民福祉，一味的結朋樹黨，
彼此攻擊。除了著名的「衛國本」、「梃擊」、「紅丸」、「移宮」
等案外，又有因南北地區官員利益與對事看法而生的京東水
稻之爭、土地兼併之爭、礦監稅使之爭、加賦增餉之爭、遼
東統帥之爭、西洋教士之爭等問題，一直爭吵不休，尤其是
東林與閹黨對上列諸事爭到你死我活的程度，這也使晚明衰
頹局勢日益加深而不可復振。

　　衛國本案是立太子事，梃擊案是新立太子幾遭歹人以木
棍襲擊事，紅丸案是繼承新君吃了紅藥丸致死疑案，移宮案
是令不合資格宮人搬遷宮殿居住事；這些原本只是皇家與宮
內的細故，不過經黨人小題大作後變成了朝政上的問題，彼
此愈鬥愈烈，東林黨人以死傷慘重收場。京東水稻之爭是使
北方「水利大興，北人始知藝稻」，是有利於社會發展的；土
地兼併之爭是東林黨人反對北方地主大量兼併土地，包括親
貴王子的占田；礦監稅使之爭是反對太監為稅使，敲詐勒索
人民的；加賦增餉是增加人民負擔，東林黨人反對，尤其反
對北方地主可以不加稅；遼東統帥一職，閹黨一直爭取，東
林黨認為他們貽誤戎機，喪失土地，因而反對由閹黨人士擔
任；對西洋教士的看待，東林黨則比較開明，以便吸收先進
科學技術，而閹黨則態度保守，主張閉關鎖國，反對傳教士
來華。大體說來，東林黨人的政治主張是以譴責吏治腐敗、
反對政客維護私人利益、批判皇帝昏庸等為主；不過重視學

品的東林黨人有時也不與其他黨人合作，以團結更大力量來對付太監與皇帝，甚至還攻擊東林黨外的士人，作出狹隘的意氣之爭，因而削弱了本身的實際社會效果。

明末萬曆、天啟、崇禎三朝，黨爭不斷，先由張居正整肅奸邪，再是張居正與若干清流官員的慘遭報復。天啟朝更是天日無光的歲月，東林黨人冤死的很多。崇禎初年，皇帝下令大治閹黨，魏忠賢等被處死，東林黨人再得重用，政壇上又大興報仇之風，最後讓皇帝又信任太監，黨爭無所休止，一直延續到南明各個政權，甚至延續到清初的政府裡。

明朝就是因為上述的政治制度上不完善，與官員間結黨等重大原因而亡了國。

再從經濟上來看。萬曆中期以後，明朝的內憂外患變得嚴重起來，地方動亂與各省用兵，費項增大，而宮廷與宗藩不知共體時艱，反而窮侈極奢，政府財政赤字當然顯見增高，幾乎是前史中少見的。皇帝與大臣為了解除燃眉之急，便以加賦稅、增雜派等方法來另闢財源，如此一來，人民更加痛苦了。而且雜稅不停地開徵，終使人民走向造反之路。現在將有關這方面的史實，略加敘述如後。

皇家宗室生活極為靡爛，揮金如土。萬曆二十七年(1599)為籌備皇子大婚，花費太倉銀二千四百萬兩。萬曆帝建造地宮定陵，全部費用也高達八百萬兩。宮廷織造單就陝西「羊絨七萬四千有奇」、「南直、浙江紵絲、紗羅、綾紬、絹帛。山西潞紬，皆視舊制加丈尺，二三年間，費至百萬」。內帑不敷經費所給，乃動用戶、工兩部庫銀。另外採金珠又

「費以巨萬計」。天啟年間修築三殿，所費共五百九十萬兩。萬曆四十年代，宗室人口超過六十萬，僅食祿米一項，就又給政府財政增大了負擔。據當時的記載，明末山西宗室祿米所需高達三百多萬石，比起明初幾萬石不知增加了多少倍，而山西全省存米只有一百五十二萬石，全部供應宗室也僅夠半數。河南情形也相似，宗室祿米比全省存米的八十萬石要高出一倍還多。這些數字，不但反映了皇家宗室的開支之大，同時也反映了政府財政枯竭的情形。

　　任何政府都是需要官吏來辦理政務，而官吏薪俸常是國家支出的大項目。據《明史》與朱國楨《湧幢小品》等書所記，明初武職人員約二萬四千人，憲宗成化時增加到八萬多人，降至明末萬曆時代，人員約相當於舊額的二十倍。文職人員雖不如武職增加的多，但明末有掛名官籍以領取官俸而不辦事的，也有當補不補、不當補而濫補增設的。官吏人數增加，當然也造成政府的開支加大。

　　由於明末外省戰亂頻仍，軍事費用必然可觀。萬曆前期的「寧夏用兵，費百八十餘萬；朝鮮之役，七百八十餘萬；播州之役，二百餘萬」。後來遼東軍興，所費更是不貲。而流民四起之後，平亂軍費龐大難算。據史書記載，萬曆年間所費約為五、六百萬兩，而崇禎一朝合舊餉與新餉竟達二千餘萬兩。

　　明初的軍餉幾乎全部由軍屯收入解決，中期以後，軍屯制度破壞，全部軍費由國庫支給，由此可知明末中央對軍事費用的負擔之重。另外還有驛卒等與軍事有關人員的費用，

也是由政府支付，難怪當時滿朝文武大臣都有「竭天下之財賦以事邊」的感嘆！

明朝政府財政吃緊的時刻，不少不肖官員與王公親貴不但不設法為國家解決困難，反而乘機貪汙獲取非法收入。上自宗室勛戚、大吏宦官，下至小官里胥，無官不貪。而且貪汙情形已達到駭人聽聞的地步。世宗時的嚴嵩家產計有黃金一千多兩、銀二千多兩，還有為數「不可勝計」的其他財物。嚴嵩之子嚴世蕃則青出於藍，較乃父更有成就，他藏金於地，以百萬兩為一窖，共計掘窖「數十」。當時有人向皇帝說：「陛下帑藏不足支諸邊一年之費，而嵩所蓄積，可贍儲數年。」嚴嵩何以能貪得如此巨額款項呢？據說「朝廷發餉，朝出度支之門，暮入奸臣之府。輸邊者四，饋嵩者六」。另外又有駐廣州的官員李鳳，離職時，載方物六十船，又木桶四十個，每桶裝銀錠八千，數字也算是驚人了。貪官肥己，當然也影響國家財政的收入。

以上這些耗費，直接影響到國家存亡問題，當政者必然要想出辦法解決。政治家如張居正等人就以嚴懲貪汙、改革賦稅等方法來挽救危機，尤其以「一條鞭法」來徵稅，不失為改革時弊的良方。可是新制度遇到很多困難，到張居正死後，新政幾乎是人亡政息了。其他官員想不出更好辦法，只得向民間加派田賦或另設名目，取財於民。一時各衙門的斂財之法紛紛出籠，如「題增派、括贓贖、算稅契、折民壯、提編、均徭，推廣事例興焉」，真是五花八門，不一而足。萬曆中期以後，這些臨時性的苛捐雜稅就不時出現了。萬曆二

十年 (1592)，江南沿海因島夷作亂，「每畝加銀一厘五毫」，第二年又「加一厘五毫，共為三厘」。萬曆末年，滿洲人在遼東地區與明兵作戰，政府為籌軍餉，在萬曆四十六年 (1618) 開始議定加派田賦遼餉，「畝增銀三厘五毫。」四十八年三月，第二次議定再每畝加派二厘，後每畝累加至九厘，「先後三增賦，凡五百二十萬有奇，遂為歲額」。田賦之外，明廷又下令增徭增役，疊增商稅，橫徵方物，多立雜稅，嚴徵逋負。又加礦稅、練餉等等，終於形成土地、差役與工商各稅的普遍加多，對於民財的搜括，可謂無所不用其極。這種竭澤而漁的理財方式當然會激起民怨。加上明末水旱災害不斷發生，人民不僅是民不聊生，而實際上是不能生存了。不參加「造反」的動亂才怪呢！

萬曆年間，貧民起而騷動的可謂接連不斷，各地皆有。農民主導的有江蘇崑山、江山一帶的「打富戶」；安徽廬江的「略稻」；河南滑縣的「奪粟」；廣東揭陽的「據山田」；廣西羅旁等地的「奪田宅」；江西餘乾等地的「搶地主」、「搶官倉」；湖北蘄黃的「大書劃富濟貧」、「略稻搶糧」等等。又有在山區從事生產的貧戶如炭工、麻民等，他們也因為無法生活而暴動、起事，反抗地主、商人與官府。在城市中也有以工人為主體的飢民參加「民變」、「民抄」等事件。當然最嚴重的，當推有野心家領導的「流民大暴動」（以前人稱「流寇」）了。

流民事件的原因可能很多，但從他們的奮鬥目標來看，應該是與田賦加重、雜稅過多有關，因為他們的訴求口號是

「免糧」、「免賦」、「不當差」、「平買平賣」等等。李自成之所以能獲得廣大群眾的擁戴，從當時到處傳布的歌謠可知，如「迎闖王，不納糧」、「開門迎闖王，不當差，不納糧」、「挨肩膊，等闖王；闖王來，三年不納糧」、「殺牛羊，備酒漿，開了城門迎闖王，闖王來時不納糧」等等，由此可見，「免糧」主張在當時是深得民心的。而明廷因需財孔亟，不但不能免糧還要加添錢糧，這就是愈來愈多人民參加「造反」的根本原因，也是明朝必得走進歷史的一項主因。

　　第三從軍事上來看。自古以來，每個政權都是皇帝靠文官武將幫助治理國家。在社會發生動亂時，武將就得領兵來平亂以維護政權。明末天下混亂時，軍隊的表現如何呢？明朝中期以後，國力衰退，軍隊的主力京營已日趨衰敗，衛所兵也逐漸形同空設。明朝軍隊在官方史料裡就有很多不好的記述，如《明世宗實錄》中就說有些軍官把士兵「私役在家，侵其月糧」；軍隊多是「老弱疲憊、市井遊販之徒」，軍官多「世冑紈綺」。軍隊的訓練只是「四集市人，呼舞博笑而已」。這樣的國家正式軍隊當然不能打仗，弘治年間蒙古以「十萬騎從花馬池、鹽池入，散掠固原、寧夏境，三輔震動，戕殺慘酷」。正德五年 (1510)，蒙古兵又至，駐防軍「不能制，漸深入，邊人苦之」。嘉靖以後，嚴嵩當政，不但以主張加強北方防務的三邊總督曾銑為「窮兵黷武之舉」，並藉以殺害了曾銑等人，同時重用巴結賄賂他的仇鸞，向蒙古乞求和平，許以重金了事。後來蒙古的俺答汗仍然率兵南下，嚴嵩命令各處守軍閉門堅守，相信他們會「飽將自去」。世宗皇帝也準備

用「皮幣珠玉」去賄賂俺答，乞其退兵。蒙古兵就這樣在北京等大城外肆意搶掠，「捆載而去」。京畿以及北邊一帶人民在生命財產方面都遭到嚴重的損失。隆慶時代因為蒙古內部發生鬥爭，北邊才得到一時短暫的安定。

明朝中期後東南沿海也極不平靜，倭寇為患極烈。由於倭寇是日本浪人、閩浙大姓與中國海盜聯合組成的，凡是主張嚴厲海禁、整頓海防治倭的大吏都難得善終。像嘉靖年間任提督浙閩海防軍務朱紈，最後就是被在朝的閩浙官員「落職按問」，終於自殺而死。朱紈死前有名言說：「去外國盜易，去中國盜難；去中國瀕海之盜猶易，去中國衣冠之盜尤難。」這番話正說明黨爭與若干個人私利影響著軍事。嘉靖三十年代，倭寇大舉騷擾沿海，到處劫奪財物，屠殺平民。崑山縣「殺人萬計」，「燒房屋二萬餘間」；湖墅民居被毀的達「二萬七千餘家」，明軍束手無策。所幸後來由南京兵部尚書張經擔任總督東南諸省軍務，任用了俞大猷、王江涇等名將，形勢才改觀；但不久嚴嵩的親信工部侍郎趙文華又誣陷張經，「論死繫獄」，王江涇的大捷功勞也被記在趙文華身上，俞大猷則最後亦遭胡宗憲的彈劾逮問，倭亂因而再興。這些史實說明了明朝軍隊不能作戰，事實上也不需要他們作戰，因為奸臣集團已代他們決定戰場上的命運了。

萬曆以後的明軍更是不堪聞問了。以遼東方面而言，由於軍屯制破壞，屯田被軍官佔奪，軍官隱丁佔地自肥的人很多，「兵無月糧，差役煩苛，悲苦萬狀」。在努爾哈齊興起與明兵對抗時，有朝鮮人經過遼東，看到明兵生活淒慘，不禁

留下「財殫力竭，萬無生理」的印象。除窮苦之外，軍官們還有惡劣的行為，據巡按遼東的御史胡克儉向政府報告說：「國之大事在邊，邊之大事在欺。」胡御史所說的「欺」是指遼東軍隊打不過女真與蒙古時，為了冒功，他們常把「陣亡之軍一概割首以報數」，而向朝廷求封賞，民謠有「帶著人頭去殺賊」就是對這些軍官的諷刺。朝鮮人還有記述遼東軍人偷賣軍火：「自遼陽至鎮江，其間許多鎮堡，官上火藥暗裡偷出，或五、六百斤，或千餘斤，本國買賣人處夜間潛賣。」軍人如此淒苦，軍紀如此敗壞，當然談不上守邊固土了。

崇禎年間明軍平定流民動亂時的軍紀就更壞了。《明季北略》中軍人殺老百姓後拿人頭去「獻功」的，而這種「愚主將，主將以愚監紀；監紀不知，遂奏其功，此弊踵行久矣」。同書中又記：左良玉率兵於崇禎十年 (1638) 十二月入山搜捕流民，「所至排墻屋、污婦女、掠雞豚，村集為墟」。另外《石匱書後集》中也記載：「明季以來，師無紀律，所過鎮集，縱兵搶掠，號曰『打糧』，井里為墟。」然而李自成在與明兵戰鬥過程中卻一直大喊「三年免徵，一民不殺」，以及「殺一人者如殺吾父，淫一女者如淫吾母」等口號，軍紀是嚴明的。滿洲大軍入關時也一樣，以「不屠人民，不焚廬舍，不掠財物」為號召，做到了秋毫無犯。就以這方面來說，流民部隊與滿洲旗兵能戰勝明兵也就能理解了。

第四從領導人來看。國家領導人是決定國家興衰的重要關鍵，像清朝的康雍乾三代，個個是明君，因而能產生盛世。明朝的帝王除極少數稱職外，多是暴君、荒君與昏君。明末

的萬曆、天啟、崇禎三帝，各有嚴重缺失，因而導致國家滅亡。現在就這方面作一簡要觀察。

明神宗萬曆皇帝是個「德荒政圮」的君主，大理寺有位官員名叫雒于仁，曾上書指明神宗四大敗德處：「嗜酒則腐腸，戀色則伐性，貪財則喪志，尚氣則戕生。」這還是德行與私生活方面的。御史馬經綸則批判皇帝「不郊不禘，不朝不講，不惜才，不賤貨，咎失人君之職」。事實上明神宗的生活一直是沉溺於奢侈腐朽之中，長期不視朝辦公，不見朝臣，所謂「二十餘年深居靜攝，付萬事於不理」，有人甚至形容他「深居宮中，畏見風日」。他的飲酒也是出名的，「每晚必飲，每飲必醉，每醉必怒」。如此生活當然不能正常的辦公，可是他也不要大臣代他辦公，連吏部尚書、左都御史、刑工二部尚書缺額、請假的，他也不補任，結果造成「職業盡馳，上下解體」的局面。大學士能被他任用的都是像「性柔懦……順帝意」的方從哲，或是「務承帝指，不能大有建立」的申時行一批人。他們尸位素餐，個個「悠悠忽忽，若罔聞知」的不負責任當官，難怪《明史》評論當時國家重臣「外畏清議，內固恩寵，依阿自守，掩飾取名，弭諧無聞，循默避事」。這些大官如果說他們有所「貢獻」的話，就是他們常努力於朋黨之爭。

萬曆皇帝除了不重人才之外，他又不能接受中級官員的勸諫。禮部主事盧洪春上書說他「平日遇頌諛必多喜，遇諫諍必多怒。一涉宮闈，嚴譴立至」；又說他不上朝、不祭太廟，若非真生病，就應親自恭敬舉行，不能「挾數用術，文

過飾非」。皇帝看了奏疏後大怒，認為盧洪春悖妄，結果被「廷杖六十，斥為民」。有些御史聲援盧洪春，皇帝也命令將這些人「奪俸有差」。

太監張鯨，貪贓枉法，御史何出光彈劾張鯨及其錦衣衛同黨劉守有、邢尚智等人，「鯨以金寶獻帝獲免」，而照常任職。御史馬象乾再對張鯨彈劾則遭到入獄的處分。新任吏部給事中李沂極為不滿，又上疏說：「流傳鯨廣獻金寶，多方請乞，陛下猶豫未忍斷決。中外臣民，初未肯信，以為陛下富有四海，豈愛金寶？威如雷霆，豈徇請乞？及見明旨，許鯨策勵供事，外議藉藉，遂謂為真。虧損聖德，夫豈淺鮮！……而國家之禍，將從此始，臣所大懼也。」神宗震怒，李沂也因此「杖六十，斥為民」。類似的例子還有很多，像范儁、王就學、周弘禴、潘士藻、雒于仁、馬經綸等等，都淪落受罷斥、入獄、貶官等不同的下場。明神宗是明朝皇帝中享國最久（四十八年）的皇帝，他的失德、敗政對國家造成的不幸影響當然也最大最深。《明史》裡說：「論者謂明之亡，實亡於神宗。」這話是中肯的。

神宗萬曆皇帝死後由皇太子朱常洛繼位，是為光宗，年號泰昌。但是這位新君上臺不到一月即病倒，而且不久即病逝，皇位乃由光宗子朱由校繼承，是為熹宗，改翌年年號為天啟。天啟時代雖只有短短的七年，但是這位年輕不懂事的皇帝卻更激化了朝臣黨爭，加深了國家覆亡的危機。以下數事可以增加我們對他的了解：

㈠好嬉戲：由於熹宗年少好遊玩，太監魏忠賢等引導他

整天玩樂。「勸帝選武閹，鍊火器為內操。……又日引帝為倡優聲伎，狗馬射獵」。這是《明史》中對他的描述。另外《三朝野記》一書中還說他喜歡蓋造房屋，而且樂此不疲。書文中說「（熹宗）自操斧鋸鑿削，巧匠不能及。……日與親近之臣涂文輔、葛九思輩朝夕營造，造成而喜，不久而棄，棄而又成，不厭倦也。當其斤斫刀削，解衣盤礴，非素暱近者不得親觀」。如此帝王實不多見。

㈡不理政：熹宗在位期間，年幼貪玩無心理政，早期因東林黨人擁立他即位的關係，朝政由東林黨人操縱，而東林黨人一直以報復為能事、嚴斥異己。其後閹黨得勢，魏忠賢又羅致非東林黨人與東林混戰，太監勢力再度抬頭，東林非死即罷，所謂「正人去國，紛紛若振槁」。這些激烈的黨爭正說明熹宗未能妥善處理朝政。事實上他多半時間根本無心問政。《三朝野記》中說：「王體乾等每伺其經營鄙事時，即從旁傳奏文書。奏聽畢，即曰：『爾們用心行去，我知道了。』所以太阿下移，魏忠賢輩操縱如意。」王體乾是司禮監太監，可見政事交由太監辦理了。

㈢拒諫言：熹宗即位之初，侍郎陳邦瞻、御史周宗建等見太監勢力再起，上疏請抑制魏忠賢等，「俱被詰責」。刑部主事劉宗周彈劾魏忠賢導帝嬉玩，皇帝大怒，幸賴大學士葉向高等營救才免得罪。天啟四年，東林黨人全力彈劾魏忠賢「濫蔭」、「乞祠額」、「矯旨」等事，希望皇帝秉公處理。御史楊漣更以二十四條罪狀，痛斥魏忠賢，望皇帝勿褊袒，結果熹宗「溫諭留忠賢，……下漣疏，嚴旨切責」。後來工部郎

中萬燝「上疏刺忠賢，立杖死」。楊漣、左光斗也慘死獄中，「高攀龍赴水死、周順昌等六人死獄」。這些都是皇帝不肯接受勸諫而引發的悲劇。

㈣違祖制：專制時代的君王大多是為所欲為，不依法行事。不過為了推行孝道，為了對上天的尊崇，他們還是會標榜「敬天法祖」。但明熹宗連這一點也未能做到。在他即位後不久，就把魏忠賢從太監衙門惜薪司升官為司禮監秉筆太監。「忠賢不識字，例不當入司禮」，而司禮監秉筆太監是內廷最有權勢的宦官，能為皇帝批答奏章，魏忠賢不識字也擔任此一職務，熹宗違祖例由此可知。另外明太祖朱元璋曾有內臣不得典兵的禁令，熹宗卻派出太監至各地典軍、監軍，顯然又是違反祖制的。

總之，熹宗七年之間，是太監得勢的時期，也是明朝政治最黑暗恐怖的時期，寄望這樣一位皇帝挽救國家，根本是不可能的。

明思宗崇禎皇帝繼統之後，雖然果斷地處決了魏忠賢，懲辦了不少閹黨；但自明朝中期所導生而來的內憂外患與朝廷政爭，已經嚴重至極，而思宗又以英主自命，剛愎自用，獨斷多疑，求治躁急，尤其不具備知人善用的才能，經常撤換大臣，甚至逐、殺朝官，以致朝政未見起色。加上東山再起的東林黨人只顧報仇，不關心民生國計，放棄了早年的社會正義感與政治改革主張，難怪有人寫出「是時，明室之亡決矣，外則防邊，內則禦寇，無餉無兵，而將士不用命，士大夫袖手高談，多立門戶，雖在賢者，亦復不免」。思宗更壞

的是，他後來又重用太監，這當然是因為他發現廷臣競尚門戶，根本不重視皇家與國家的安全有關，因而他又命令太監提督九門及皇城門、掌管忠勇營軍權以及在外監軍等等的職務。太監有了兵權，當然會進一步參預政事。《明史‧職官志》中說思宗「初翦大憝，中外頌聖。既而鎮守、出征、督餉、坐營等事，無一不命中官為之，而明亦遂亡矣」。這確是有道理的評論。

　　平心而論，崇禎皇帝比他的父輩祖輩好得多，他在位時確想振作一番，他也了解天下動亂、人心思反的一些原因。我們可以看到他曾下令解決當時的若干問題，例如他知道人民貧困是嚴重的社會大事，在崇禎四年 (1631) 下令御史吳甡帶著銀兩去陝西賑飢。他又令御史梁炳到山陝賑濟貧民。不過賑濟的數字不夠多，賑濟的地區不夠廣，無異杯水車薪，飢民的動亂日甚一日。對於軍紀的問題，他也有心整頓過，並承認「將懦兵驕，焚劫淫掠」的可怕；可是政府無錢改進軍餉等事，軍律也無法變好。他為減免人民賦稅負擔也曾下過不少諭令，如崇禎十五年 (1642)「免省直十二年以前稅糧，有司混徵者罪」，「六月，免開封、河南、歸德、汝州去年田租」等等，改變了他以前「不許免積逋」的決策，但其時距明亡只有兩年，為時已晚了。還有流民領袖喊出「平買平賣」的口號，他也宣布過公平交易的主張，但不徹底，因而根本沒有效果。

　　賑貧、減稅、軍紀改進，樣樣都需要經費，錢從哪裡來呢？人民被不斷加餉派捐已經不能生活生存了，當然不能再

出錢救國。崇禎皇帝曾經向皇親貴冑、富室縉紳們發動過捐助號召，可是真令人大失所望，以亡國當年崇禎十七年(1644)為例，《平寇志》裡有這樣一段描寫：

> 設黃綾冊募百官躝助，限額浙江六千，山東四千，餘各有差。魏藻德首輸百金，陳演既放，未行，召入再三勉諭，自訴清苦，無以應，止有帽套一頂，當鬻之為軍國助。復徵勳戚大臣，上等以三萬為率，無應者。惟太康伯張國紀輸二萬。帝遣太監徐高諭嘉定伯周奎，宜為戚臣首倡，奎謝無有。高泣諭再三，辭益堅。高怫然起曰：皇親如此，國事去矣，多金何為！奎疏勉捐五兩，帝少之，勒二萬……僅輸三千兩。……合百官勳戚內臣所躝，共得二十萬。……

這是一幅很生動的畫面，大家都不願樂捐救國，朝廷想解決財政所衍生的問題當然難了。事實上像周奎這樣的皇親，後來李自成入京後抄他家時，計得「現銀五十二萬、珍幣復數十萬」，他真是個十足「鐵公雞」型的人物！

綜合上述，我們可以看出：明朝亡國實在與末年國家政治機器不能靈活運作、官員意氣用事從事黨爭、皇室宗藩窮奢極侈、人民生活困苦、官員貪婪、軍備軍紀敗壞、皇帝德荒政圮種種因素有關，滿洲與流民起事只是近因而已。明朝亡國給我們的歷史教訓是：改朝換代是因為人民無法照舊生

活，感到無法生存了，而政府也無法統治下去，機關算盡了，
這是全國性危機發生的必然結果。

第二章

清初滿漢融和政策

明朝末年，原是「看邊小夷」的滿族興起，而且後來竟入關做了中國的新主人，這對重視夷夏之防的漢族來說，是絕對不能接受的事實。然而滿族以靈活、務實的民族政策對付漢族，終能化險為夷，不僅建立了政權，並且在廣大的中國土地上與眾多的漢族人口中，統治了二百六十多年，實在難能可貴。

建立清朝的滿族，出自建州左衛的女真。明神宗萬曆十一年 (1583)，遼東總兵李成梁征伐古勒城女真首領，建州左衛的覺昌安與塔克世父子二人，幫明兵作「嚮導」，協助攻城。結果在城陷之後，覺昌安父子卻被明兵「誤殺」了，這件事可能是李成梁「專以掩殺為能事」的一項預謀。不過，塔克世的「嗣人」努爾哈齊則因而被明朝認可為建州左衛的長官，並賜「敕書二十道，馬二十匹」以為「補償」。這位建州左衛的繼承人，就是日後名揚青史的清太祖。

一、努爾哈齊的仇漢政策

努爾哈齊得位後，在明朝的默許下，開始「復仇」的戰爭。結果他不但兼併了建州諸部，並在三十多年後統一了女真，而於萬曆四十四年 (1616) 登上了金國大汗的寶座，奠定了大清帝國的始基。

建州左衛的文化不高，實力不大，憑藉不多，他們所以能在三十多年間有如此成就，雖可歸功於很多因素；但時代背景與努爾哈齊本身的作為，應該是最值得吾人注意的事。

明朝末年，中國內部由於政治腐敗，經濟凋敝，社會上出現了「流寇」，使得政局與社會極為不安。萬曆二十年代，明朝又出兵朝鮮，為朝貢的外藩朝鮮抵禦日本侵略，因而使國家財力大損。加上朝廷裡又發生黨爭，互相傾軋，不顧國家存亡，因而給了建州左衛一個有利的發展機會。

努爾哈齊在領導滿族從事龍興大業時，對明朝一直佯裝恭順，無論是在朝貢方面，或是在進行兼併女真各部戰爭時，他總是配合明朝的遼東政策，使明朝主政者與邊將認為他是一個可以信賴的人。甚至到他即大汗位的前幾年，他仍然裝著對明朝百依百順，在貿易時「諭之撤車價則撤，諭之減人數則減」。由於他的偽裝成功，明廷對他後來稱金國大汗之事也僅視為「小醜跳樑」，不足為慮的事。

努爾哈齊對漢族自始至終是印象惡劣。他在「復仇」戰爭中有一次竟殺盡了鄂勒琿城中的所有漢人。在兼併女真與征明的歷次戰役中，他也是凡遇抵抗滿兵的漢族男丁，一概

屠殺殆盡。後來在討明的「七大恨」文告中，也充分表明了對漢族政權的仇恨，在在說明他經常以「洗民」政策對付漢族。直到他取得了廣大眾多的遼東土地與人民後，他發現大肆屠殺漢人無異是損失大量的生產與作戰人力，而漢人的畏死逃亡與拒死頑抗，也影響到了金國的進一步發展與社會不安。因此他實行了「計丁授田」、委漢將管轄漢人、遷徙漢人以分散力量等等的政策，希望能轉化漢人成為金國的力量而防止其逃亡與反側。

然而在遼東的眾多漢人，雖一時逃過了被屠殺的命運，但家庭的遷徙、沉重的賦稅，以及隨時受到滿族的勒索與欺凌，使他們不能安定的生活，不甘融和於滿族社會之中，久而久之便激化了他們反滿的情緒。努爾哈齊發覺滿漢民族間衝突對立的現象，對於漢人在生產方面的不合作尤為不滿，因而在他即汗位後的第十年又調整了治漢政策。他令屬下清查漢族人口，以漢人存糧與職業技能為標準，有利用價值的留下來，其餘窮而無力生產以及一些曾任明朝官員、秀才、不服從的單身人、可疑的人，全部予以屠殺。留下活命的漢人也編入生產單位，由八旗長官管轄，再一次以高壓手段對付漢人。

努爾哈齊以為如此可以節省大批糧食，並可清除抗金的異己，可謂一舉兩得。然而這種僵化的治漢政策，卻造成了當時金國生產萎縮、軍事進展緩慢，以及人民生活的困難。

二、皇太極的安撫漢人

所幸這種政策施行時間不長，實施的第二年 (1626) 努爾哈齊病逝了。繼承人即是日後被稱為清太宗的皇太極，他了解單靠暴力不能永久地解決民族問題。因此他登基後第四天便陸續宣布了一系列的新政策，例如對漢人以往的逃亡不加追究；漢人在司法與徭役上應與滿人享有同等待遇；漢人以耕種為主，不應作其他過重的勞役；滿人對編莊的漢人不可任加擾害等等，這些安定漢族人心以及安撫漢族官紳的措施，確實收到良好效果。後來他又改善漢人的生活與地位，「擇漢官之清正者」來管理編戶漢民，使漢人農奴變為自由農等等政策，很有收拾漢人民心的效果，對日後明軍、明官的投降，確有號召的助益。

皇太極在天聰五年 (1631) 又接受漢人降臣的建議，仿照明朝制度建立六部，並任命不少漢人擔任六部次長級的長官，這一漢化行動更進一步增加漢人對金國的向心力。終皇太極之世，對於漢人的治理政策是正常進步發展，如以考試制度選拔漢人、建立漢軍八旗、設立都察院等，也都讓漢人有參與軍政大權的機會，這當然可以減少漢人對滿族的敵意。

三、入關後滿漢的調和與衝突

清太宗在崇德八年 (1643) 年逝世了，第二年明朝先亡於流寇，接著清軍大舉入關，定鼎北京。當多爾袞隨著吳三桂大軍入關時，滿族的兵力比關內各方漢人兵力差得多，經濟

力量也小得多，而漢人又有牢不可破的夷夏之防，滿族想要做全中國的主人實在是很困難。然而多爾袞領導的滿漢合作政府，卻在本無勝算的情形下，制訂了一套非常成功的治漢政策，終致整個情勢改觀。這些成功的治漢政策，至少有以下幾項：

㈠明末崇禎年間，清兵曾數度深入中原，屠殺擄掠，殘暴至極，給漢族留下極壞印象。此次多爾袞入關，改變了形象，下令八旗各軍「勿殺無辜，勿焚廬舍，勿掠財物」，並且以為明朝人「雪君父之仇」而來，藉以造成「仁義之師」的假象。對於明朝宗室在南京成立政權，多爾袞最初也說「理亦應然，予不汝禁」。明朝君臣飽受李自成在京中的恐怖統治後，竟來了一批「仁義」鄰人，連史可法等愛國人士都願意與清兵「合師進討（流寇），問罪秦中」，難怪華北人民多「有更始之慶，而無亡國之痛」。

㈡李自成入北京後，不僅使崇禎帝自殺，諸多大臣殉國；他又以種種殘暴手段，使京中成了黑暗恐怖的世界，明朝的遺臣遺民都對他深惡痛絕。清朝主政者很了解當時漢人的心境，於是著手從事撫慰人心與輿情的工作。多爾袞先下令「官民人等為崇禎帝服喪三日」，又命「禮部、太常寺備帝禮具葬」，比起李自成只用宮門抬走崇禎屍體確實文明有禮了很多。崇禎帝自縊後，從死的大臣有幾百人，清廷為安撫民情，又表揚了這批忠義之士，為他們追贈謚號，並撫卹他們的家人。在大亂之後，清廷的這些作為是絕對能收拾人心。

㈢滿族在關外就已經了解，分配部分政權給漢族以及照

顧漢族的經濟利益是非常重要的。因此在清廷入關後,更宣布漢族官員只要與清朝合作,便可以「官仍其職」、「以原官同滿官一體辦事」,甚至在李自成手下做過偽官的也一律錄用。如此籠絡了不少漢族官員,也為自身增強了政治資本。至於一般人民,清廷秋毫無犯,希望大家「各安其業」,給予歸順的明朝宗室特別優待,可以享有一切原有的利益。知識分子仍可由科舉制度進入政壇。地主富豪在流寇統治時被搶去的田畝,也一律「歸還本主」。這種種維護各級人士權益的政策,可以說都能令統治下的漢族人心歸向。

㈣漢族人口居大多數的農民與貧民,清廷當然更重視他們。入關後,多爾袞首重減輕大家經濟負擔的政策,如廢除三餉及苛捐雜稅、救濟民生、調查照顧貧窮人民、制訂《賦役全書》、嚴懲不法官員、整肅土豪惡棍等等的措施,不但直接保護了人民大眾的利益,同時也給貧苦人民帶來不少慰藉。

㈤漢族是具有悠久歷史與精深文化的民族。多爾袞等滿洲親貴很難得對漢族若干風俗文化採取了寬容的態度。如採納了金之俊「十從十不從」的主張,緩和了很多漢人的反清情緒;聽從了郝傑、宋權等人的建議,對腐敗的官場與社會風俗都有興利除弊的作用。滿族這些「由夷變夏」的表現,頗使漢人產生幻覺,想到終久滿洲會「入中國則中國之」,大為減少了漢人對他們的偏見與仇視。

以上滿族的這些治漢政策相當成功,結果很快穩定了清廷在京畿內外的統治地位,並贏得了不少對流寇戰役的成功。

皇太極與多爾袞等人雖然先後實行了很多善待漢族的政

策，但是他們也沒有漠視本族滿洲的利益與權位。在建立六部時，首長承政、參政之上還有滿族的管部貝勒，權力大過各官。入關後重用漢官，但仍然滿重於漢，大權並未旁落。即使如此，滿族中不平與不滿的聲音依舊隨時可聞，有人在關外就說：「昔太祖誅戮漢人，撫養滿洲。今漢人有為王者矣，有為昂邦章京者矣；至於宗室，今有為官者，有為民者。時勢顛倒，一至於此！」

入關以後，也有不少出死入生的滿族軍人發出「貧乏軍士不過一身一騎，攜帶幾何」的怨言。因此滿洲主政者在善待漢人的同時，也推行了不少「首崇滿洲」的政策。例如以「圈地」來酬庸入關有功的族人，用「薙髮」來逼使漢人對滿族政權的認同與降服。其他政經權益也都以滿族為先，清朝帝王以為如此即可緩和八旗屬人的情緒，並藉以團結八旗，鞏固政權。在滿族方面確是收到了相當的效果，但是薙髮卻令漢族失去了尊嚴，不少人願意「留髮不留頭」，對滿清誓死反抗。圈地又引起華北人民流離失所，生產銳減，造成嚴重社會問題。這些不妥當的、不成功的民族政策，破壞了滿漢兩族間新建立的和諧關係，也影響了清朝統一國家的進展。

四、康熙帝致力改善族群差別待遇

滿族再度以血腥的高壓手段對付若干漢族，而「國不國、君不君」的南明又起不了號召作用，終於在政爭、腐敗、奢靡諸端敗亡因素中退出了歷史舞臺。這時清朝出現了一位傑出的君主康熙皇帝，他看清了「首崇滿洲」政策的缺失，便

著手治療漢民族的創傷。以下幾點，可以說明他在這一方面的成就：

(一)用人方面

清朝入關後，儘管廣納投降的漢官，但是重要職位仍用滿洲或遼左舊人，這是為防止漢人操縱大權。康熙登基以後，先在「滿漢文武，皆為一體」的口號上，做了一些實際的工作，他強調「滿漢大小官員，職掌相同，品級有異，應行劃一」。在京外的督撫方面，他也降諭：「不論滿洲、漢軍、漢人，應揀選賢能推用」。防守地方的武官也須「用人唯賢」，「不拘滿漢」，族群的差別待遇，由此得到改善。

實際上，在他統治初期，亦即四大臣輔政期間，中央的大學士中滿族共九人，漢族僅六人；而在他親政以後，則先後任命滿族大學士十一人，漢族大學士二十人，顯見情況大有不同。另外各省督撫中，康熙一朝也有改變，如總督一職，滿族為三十一人，漢軍為三十七人，漢族則為二十三人，比例也不為少。各省巡撫先後任職的共為二百六十一人，其中滿族六十一人，漢軍九十八人，漢族九十二人，另十人身分不明確。這些數字足以說明康熙皇帝所說的「滿漢軍民，原無異視」並非謊言。他以人事比較公允的作法，掃除族群的猜疑，在當時緩和了民族衝突、彌補民族創傷。

(二)經濟方面

自明末以來，中國大部分地區因戰亂影響，滿目瘡痍，

經濟凋敝。順治年間，清廷雖以廢除三餉、救濟貧窮解決一時問題，但是明清間的戰爭持續多年，致使生產停頓，不利經濟振興。康熙初年，南明滅亡後，皇帝下令永遠停止圈地，以避免滿漢兩族間的進一步衝突。同時為了恢復生產，康熙皇帝竭力鼓勵墾荒，凡是漢人在各省開墾的荒地，「俱再加寬限，通計十年方行起科」。又將各地明朝廢藩的荒熟田，「撥與原種之人，令其耕種」，這種「更名田」就是使原耕者成為自耕農，並「與民田一例輸糧」，如此土地不但不荒廢，耕者又得實利，真是一舉兩得。

此外康熙帝又定出招民墾田的獎勵辦法，例如「貢監生員民人墾地二十頃以上，試其文義通者，以縣丞用；不能通曉者，以百總用。」招墾到一百頃則以知縣或守備任用，這些獎勵措施對恢復生產有極大的效用。康熙時又不斷地蠲免賦稅，照顧民生，並下令「與民休息」，以致廣大民眾在如此有利條件下，漸漸地恢復了生產元氣，對「異族」的仇恨也因此漸漸淡忘了。

㈢文教方面

滿族在入關前，就注意到漢族知識分子的社會影響力是很大的，因此曾在瀋陽舉辦過科舉考試，選拔優秀漢人。入關後不久即恢復明朝的科舉制度，以籠絡更多漢族讀書人。康熙皇帝在既有基礎上又增加了「萬壽恩科」和貢士的複試，並首創「博學鴻儒科」，以便吸收大量的漢族士大夫。同時為了使落第考生有方便之門進入官場，清廷頒布了捐官規章，

實際上藉此再網羅一批漢族士子。康熙皇帝不僅繼續徵舉「山澤遺賢」，並且命儒臣入值南書房供事，以及禮聘漢族學者修纂群書等等，拉攏更高級的「四民之首」。

康熙朝又大倡朱子學，使三綱五常的倫理永植人心，以進一步建立鞏固政權的理論基礎。

武力鎮壓雖能使人立即就範，但是不能使人永久誠服。康熙帝的這些籠絡文人措施，卻也不亞於百萬雄師，對漢族知識分子來說能興起向心的正面效果。

另外，在康熙皇帝本人方面，他以身作則的表現是值得稱許的。他不斷地高呼「滿漢一家」，在《實錄》中至少就記錄過二十多次，並且推行政策使這一口號付諸實施，收到良好效果。他知道水利對農業的關係重大，乃關心各地灌溉問題，六次南巡也是與視察黃河有關。他在宮中提倡節儉，也令中外衙門減少開支，終使國庫轉虧為盈。他服膺朱子學，並親自教授皇子四書、五經，令漢族知識分子感嘆地說出：「士大夫弗如也！」他臨摹中國名家書法，精研《資治通鑑》，終身樂此不疲，甚至咯血還不肯稍懈。他主政期間所修的朱子學與其他經史方面的專書，多達好幾十種，尤以《古今圖書集成》規模最大，這都成為日後中國文化寶庫中的重要財富。他個人的表現確令漢族士人對他敬佩不已。

順治與康熙兩朝所制定的籠絡漢人政策，確是經過巧思而成的。而靈活的運用手法更使政策增加效果，因此滿族入關後所面臨的滿漢民族問題，得到了某種程度的解決。

五、族群政策與治亂興衰

　　一個多元民族的國家，其治亂興衰與政府對民族問題的處理得當與否有很大關係。滿族是中華民族的一分子，他們從興起到建立政權的過程中，其間在處理民族的問題上，正可以說明這一事實。

　　早年明朝官員李成梁、蕭百芝等人對滿族施行高壓手段，結果招來滿洲人的反抗，進而建立政權。努爾哈齊據有遼東後，也以狹隘的民族主義，採取報復手段，大肆屠殺漢人，而引起漢人的反制，使遼南地區到處烽火，動亂不安。入關後滿族又強行推動圈地、薙頭等政策，又激起了滿漢民族間的仇恨。由此可見，民族問題若以高壓暴力來解決，將是仇恨不斷，永無盡期。

　　反觀皇太極、多爾袞、康熙帝諸人，他們知道滿族文化不高，人口不多，若想獨力統治中國是不可能的。他們需要富於運籌帷幄的謀士，他們需要百戰沙場的將領，他們需要從事生產的農民，他們需要互通有無的商賈，他們需要儒家倫理，他們需要宗教、哲學……。滿族需要的人士、事物、制度太多了，因此他們需要制訂一套比較成熟的、成功的民族政策。

　　清初帝王們首先決定要與各族人共享勝利的成果。就漢族而言，成立六部、建立漢軍，以及入關後接納大量漢官，都表示滿族有心與漢人共治天下，分享成果。康熙朝更落實「滿漢一體」的承諾，不斷修正民族政策的保守性與周延性，

以緩和滿漢間的衝突與仇恨。

他們也知道各族的既得利益不能不照顧，否則被征服者的反抗會隨時發生。他們讓漢人做官的仍可做官，讀書的仍能考試，富有的不失財富，農工商各安其業，甚至若干人仍能享有特權。再加上廢除苛稅、蠲免錢糧，使人民受惠不已，民族間的對立當然就減少了。

另外對各族的傳統文化與宗教信仰，滿族也盡量地寬容接受，從未實行過「滿洲化」的錯誤政策。薩滿教、佛教、道教、回教任憑信仰，政府不加干涉。滿文、漢文、蒙文隨意學習，官方並不規定必修的語文，即使官員學滿文成績差的，政府也不加處分，滿族在文化政策上的寬大心懷，由此可見一斑。即使薙頭政令不合漢人文化傳統，引起抗爭，但仍有「十從十不從」的自由空間，多少給漢人一些安慰。相反地，滿族人勤習漢族語文，漸忘滿語，而帝王們對中華文化的欽慕，對詩文書法效做、對漢人古制的推行，樣樣不遺餘力，給人確有滿族已「入中國則中國之」的感覺。袁子才也說「近日滿洲風雅，遠勝漢人」，可見族群問題在文化融合下逐漸消弭了。

總之，清朝在入關前後所制訂的各種治漢政策，可以說有著恢宏的氣度，與漢族共享成果、不專事貪婪、能照顧漢族既得利益；以寬容心懷評估漢族文化，不惜讓自身融入「異族」文化之中。這些特點似乎也可以給我們一點啟示：一個民族，想要成就大事業，必須具有遠大的眼光，智慧的巧思，寬容的氣度與靈活的方法，漸進地推行政策，不斷地修正偏

差，如此才能獲得最後的成功與勝利。若只懷抱著狹隘的民族意識，一味地高壓報復，那只會種植更多的仇恨，造成更多不安與災難。

第三章

「留髮不留頭」

　　清朝順治元年 (1644)，多爾袞在吳三桂的引導下，通過山海關，打敗了李自成，並於不久後定鼎北京，做起了中國的主人。多爾袞為了實現以滿族為主體的統治政權，立即下令「軍民人等，一概薙髮」，以符滿洲習俗。但是漢人有夷夏之防，而且根深蒂固，不但不願薙髮，屈從滿洲傳統，更有起而反清的，引起了社會的不安與騷動。清廷鑑於當時南方局勢未定，出於策略考量，乃由多爾袞再降諭旨，說明薙髮之事，既然「甚拂民願」，那麼人民可以「照舊束髮，悉聽自便」。勉強也不悅地收回了成命。第二年夏天，南京的南明福王政權被清軍消滅了，河北、山東、河南、山陝以及長江中下游不少地區都被清兵控制，整個形勢改變了，多爾袞於是又重申前令，通告「各處文武軍民，盡令薙髮，倘有不從，以軍法從事」。後來他又向禮部降諭：「向來薙髮之制，不即令劃一，姑聽自便者，欲俟天下大定始行此制耳。今中外一家，君猶父也，民猶子也，父子一體，豈可違異，若不劃一，終屬二心，不幾為異國之人乎？……自今佈告之後，京城內

外限旬日，直隸各省地方自部文到日亦限旬日，盡令薙髮。……人民仍存明制不隨本朝制度者，殺無赦。」從此清廷在繼續征服南方各省的過程中，都以薙髮來區別漢人對滿族的順逆。這種強制的推行暴政手段，一度雖曾引起社會大動盪，激化了民族間的仇恨衝突，但是人民在殘酷的暴力下，只得「留頭不留髮，留髮不留頭」了。

為什麼清廷一定要實行這喪失人心的「留髮不留頭」政策呢？原來這是與他們滿族祖先的舊俗有關。

清人的先世，可以遠溯到上古時代在中國東北部活動的肅慎民族，在日後的歷史長流中，史書裡以不同的名稱稱呼他們，如漢魏六朝時稱他們為挹婁，隋唐時叫他們作勿吉或靺鞨，宋明時代又稱他們為女真或女直，清代則統一了他們的舊名而綜稱滿洲。根據《晉書・四夷傳》所記：「肅慎氏，一名挹婁……俗皆編髮。」《新唐書・北狄傳》中則說：「（靺鞨）俗編髮，綴野豕牙、插雉尾為冠飾。」這是敘說此方民族有編髮習俗，而且還有在髮辮上插野豬牙或野雞尾來裝飾。《三朝北盟會編》裡對宋代女真人的髮式則有以下描寫：「婦人辮髮盤髻，男子辮髮垂後，耳垂金環，留腦後髮。」《大金國志》中也說女真人「辮髮垂肩」，「留顱後髮，繫以色絲，富人用金珠飾，婦人辮髮盤髻」。清朝入關以後，厲行薙髮政策，命令所有臣民都要遵從自肅慎、挹婁時代流傳下來的髮式，以示「以夷變夏」，實證滿洲為統治主體。因此整個清代，薙髮成了國家的國策，男子將頭髮半薙半留，編髮作辮，即薙去周圍頭髮，留下顱後部分，編成長辮，垂於腦後。女

子年幼時也與男子髮式相同，到成年待嫁時，才開始蓄髮、縮鬢。清代中期以後，婦人髮式繁多，有了架子頭、叉子頭、燕尾頭、一字頭、兩把頭、平三套等等不同的名目。

滿洲人入關後強令大家薙頭，不薙頭的視為叛逆，是殺無赦的。但是後來也有一些官員因薙頭而反遭懲罰，甚至被處死的，那是因為他們沒有按照清朝喪禮的規定，亂薙頭而招來慘禍與不幸。例如雍正十三年 (1735) 沂州營都司姜興漢、錦州知府金文醇都是因在「國卹期內薙髮」被治了罪。乾隆十三年 (1748) 皇后富察氏逝世，江南河道總督周學健「擅自薙髮」，又犯貪汙罪，皇帝下令賜死。嘉慶四年 (1799)，太上皇（乾隆）病逝，政府也通令「官吏軍民自大事日起，百日不薙髮」。清代不少官私書檔中都記說：「父母之喪……以不薙頭為重」。或是記著：「自成服之日起，百日不薙髮。」在在說明，滿族喪禮中有「百日不薙髮」的規定。

與百日不薙髮有關的另一項滿族居喪傳統是「截髮」。百日不薙髮是指一百天之內不能剃去頭頂周圍的頭髮，「截髮」則是將垂於腦後的辮子剪下一段或全部，以示對父母之喪的沉重哀痛。清太宗皇太極死於關外的瀋陽，繼承的順治皇帝與「滿洲官民皆摘冠纓、截髮」。順治皇帝死於北京，康熙帝也「截髮辮成服。王、公、百官、公主、福晉以下，宗女、佐領、三等侍衛、命婦以上，男摘冠纓、截髮，女去妝飾翦髮」。康熙帝的生母佟佳氏死於康熙二年 (1663)，政府也下達了「截髮成服」的命令。康熙二十六年 (1687)，太皇太后病重時，曾面告「皇帝斷勿割辮」，不過由於康熙對他的祖母敬

愛至深，在太皇太后死後，他違反了后喪皇帝不割辮的祖制，不遵祖母遺旨，毅然截髮。

清朝歷史上還有一些不是父母之喪而截髮的故事，也值得一述。早在努爾哈齊創建龍興大業之前，他的一位堂叔阿哈納，想聘娶薩克達部長之妹，薩克達認為阿哈納貧窮而拒婚，阿哈納受此侮辱，乃「截髮留之而去」，後來還因此發生了部族間的仇怨戰爭。這種「截髮」有不共戴天之仇的意味。乾隆年間，皇后烏喇那拉氏在三十年春天與皇帝南巡江浙時，她在杭州突然「跡類瘋迷」，似觸怒了皇帝，而且自己又剪掉了頭髮，這使乾隆帝大怒，立即派人先由水路將她送回京城。第二年這位皇后就「病故」了，皇帝當時在承德避暑山莊打獵，他不但沒有趕回京城處理喪事，並且下令這皇后的喪禮「止可照皇貴妃例行」，可見皇帝對她的憎惡。烏喇那拉氏的剪髮，顯然有詛咒皇帝死的意思，是不吉利的，她的死亡可以說是註定了。

滿族的薙髮編辮，是繼承了他們祖先的舊俗，可能是游牧民族的一項傳統。「百日不薙髮」以及「截髮」則可能是受到周邊其他民族文化影響而形成的一些制度。但「留髮不留頭」這項暴政措施留下的仇恨心理，一直到清朝末年還很深刻的存留著，久久不能磨滅。

第  章

明末清初的臺海兩岸關係

一、鄭芝龍入臺

　　臺灣與福建一衣帶水，早就與大陸有著經濟與文化的交往。宋元以後，由於大陸社會經濟的發展，海外貿易的興盛，彼此關係更是密切起來。當時大陸政府為了加強對臺灣地區的管理，宋代因泉州設有市舶司，澎湖「為泉之外府」，南宋時派駐軍隊，以加強海防。元代在澎湖立巡檢司，直接管理該地。明初為鞏固統治，嚴禁人民出海，限制了通商貿易。洪武二十年 (1387)，政府下令「盡徙嶼民，廢巡司而墟其地」，澎湖巡檢司因而廢除。然而在商品經濟的衝擊下，大陸東南沿海豪強乃私造武裝大船，組織力量，出海走私，澎湖與臺灣遂成為海上盜賊與走私商人的「潛聚」之所了。

　　同時自明朝中期之後，日本武士、浪人與商人集合成的倭寇已在中國沿海騷亂，形成倭患。他們又與中國的不法海上勢力相勾結，常以臺、澎為臨時基地。加上其時西洋人已發現東來亞洲的新航路，因此在世界形勢的重大變化下，臺

灣與澎湖已成為東西海上勢力的焦點地區。長期的倭寇為害，以及西洋人的東侵，讓明朝政府深感臺、澎的地位重要，於是逐步加強對臺、澎的防務與管理，正因為如此，中外勢力就在臺海角逐了。

㈠荷蘭進據澎湖始末

根據史書所記，在明代中期以後到萬曆、天啓時代，海上亦商亦盜的首領人物有曾一本、林道乾、林鳳、林錦吾、阮我榮、黃育一等人，而後來居上的則有李旦、顏思齊、鄭芝龍等輩。正是這些人「嘯聚萬計、屯據東番（臺灣）」的時候，西洋荷蘭人也在萬曆三十二年 (1606) 夏末，乘明朝汛兵調防撤離之時，如入無人之境地抵達澎湖，隨即「伐木築舍，為久居計」。不久福建官員派人曉諭撤離，並且派出水師直駛澎湖，與荷人交涉。荷方提出互市要求，並希望在周圍另找一處合適的地點與中國互市，意指離澎湖不遠的臺灣。明方將領力言互市不可能，又透露福建將派大軍來進剿的決心。荷人無奈，只好在駐留一百三十一天之後離開了澎湖。

然而當時中國的生絲在歐洲暢銷，商人可獲暴利。荷蘭駐巴達維亞 （今印尼雅加達） 總督柯恩 (Jan Pieterszoon Coen) 在 1622 年 （明天啓二年） 指示艦隊司令雷約茲 (Cornelis Reijersz)，先攻擊澳門葡軍，如果失利，即向澎湖或臺灣進發。雷約茲後來進攻澳門失敗，乃於是年夏天駛進馬公港，第二度占領澎湖。雷約茲又到臺灣實地考察，他認為「澎湖位於漳州與臺灣之間，在諸島中處於最有利的位

置」,「得以扼守這最為便利的港口,還能得到大員(臺灣)航路的利益」,因而他決定在澎湖西南部建造城堡,準備再度久居。

明朝方面本在澎湖設置汛兵,因兵力單薄,無法抵抗荷軍,只好暫避。雷約茲司令稍事安頓後,便派人向福建遞交公文,要求通商。其後不久,福建巡撫商周祚也派出守備王夢熊到澎湖致送回文,告知荷蘭人「必須立即從澎湖撤走」,「因為這是中國皇帝的財產」,荷蘭人若不離開,絕無從中國得到貿易的可能。

雷約茲了解通過交涉途徑很難達成通商的目的,乃決定以武力逼福建方面就範。不久後他派出兵艦到福建沿海,大肆騷擾,並攻打廈門,在鼓浪嶼燒殺搶劫,焚毀洋樓與船隻,給廈門帶來很大的災害。荷軍返澎湖後,雷約茲又向福建官員提出談判要求,商周祚同意。談判結論中荷雙方都有紀錄,大約有:荷蘭撤離澎湖;福建方面允許通商;幫助荷人在澎湖附近尋覓適當港口等項。福建巡撫商周祚向皇帝的奏報上有:「諭令速離澎湖,揚帆歸國。如彼必以候信為辭,亦須退出海外別港以候,但不係我汛守之地,聽其擇便拋泊。」且不論這是否是當時雙方的共識,就以文中可以在「海外別港」「候信」,以及可以在「不係我汛守之地,聽其擇便拋泊」等事來說,與雷約茲的《日記》裡所記的顯然不同。雷約茲以為只要撤離澎湖就可以通商,而且中國不派商船到馬尼拉去貿易。

商周祚確曾派人到澎湖協助荷人尋找合適地點,以便荷

人撤離；但是派出的通事洪玉宇到達澎湖後，見荷人已與臺灣方面進行貿易。他返回福建之後，向巡撫報稱荷人已撤，商周祚也信以為真，向皇帝上奏荷蘭人「拆城遠徙」了。

事實上荷蘭人還在澎湖大興土木，築城建屋。明朝中央為此十分困擾，不久後以南居益代替商周祚為福建巡撫，中荷雙方又展開了會談。由於南居益態度強硬，命荷人必須撤離，而雷約茲則以巴城總督無命令不能擅自行動回答，以致雙方出現緊張情勢，福建沿海立即戒嚴，荷蘭也派出船艦到閩海示威，要求中國正式允准荷人在臺灣貿易。

後來南居益以談判騙術將荷將領引進廈門，並予逮捕，又乘夜燒毀荷蘭戰艦，殺傷不少荷蘭水兵，同時乘勝派兵攻進澎湖。在巴城新派來接替雷約茲的首長宋克 (Martinus Sonck) 到達澎湖時，福建派到澎湖的軍隊已近萬人，各種船隻兩、三百艘。宋克見形勢不妙，主動找明軍主帥俞咨皋（俞大猷之子）緊急談判，明方態度堅決，聲稱荷軍不撤，不能談判。正在大戰一觸即發之際，著名的海商頭目李旦來到了澎湖，出面願為荷人出力。

㈡海商勢力的崛起

李旦當時已定居日本，為華人領袖，他的貿易地區遍及菲、日、臺灣等地，他的武裝船隻實力很強大，與荷蘭、英國都有生意上的往來。由於李旦奔走於明軍與荷蘭之間，雙方終於達成協議，荷蘭從澎湖撤出，退往臺灣，這是臺灣被荷蘭侵占的緣由。荷蘭人何以能侵占臺灣？按荷蘭資料稱：

「係中國皇帝賜准。」事實並非如此。據目前所存史料可知，俞咨皋與荷人當時確實簽訂過協議，荷人信以為真。不過福建官員事後並未立即上奏朝廷，因而絕無皇帝賜准之事。澎湖為明軍汛地，卻被荷蘭強占，而福建沿海水師又無力量自荷人手中奪回，為了自身利益，福建文武大官乃以騙術讓荷蘭人撤離澎湖，到臺灣居留，進行通商貿易。南居益等以荷人「搖尾乞憐」等含混字眼向皇帝交了差。實質上是有條件的騙走荷蘭人。

強大的海商是如何形成，這也應該作一扼要說明。明初禁海，而「海者，閩人之田，海濱民眾，生理無路，兼以饑饉為荐臻，窮民往往入海從盜」。到明代中期以後，海盜勢力日強，他們改劫掠為向商船抽稅，以保護商船，有的自己又兼營商業，財富積累益多，變成了亦盜亦商的海上武裝走私集團。由於他們活動目的是謀求經濟利益，當西洋列強東來之後，這批海商乃在中國政府與西洋人間充當起中間人或是唆使者。他們與西洋人時而勾結時而衝突，與明朝官兵既對立又有聯繫，明末兩岸關係的複雜也由此可知。李旦斡旋俞咨皋與荷人協議的成功也說明此一事實。

李旦一度被學者以為與顏思齊為同一人；不過經專家考證並非如此。他們同為當時海商集團中的佼佼者，而且二人都與鄭芝龍有著相當密切的關係。更重要是鄭芝龍後來繼承了他們的地位，成了「建立功業，揚中國聲名」的海商領袖。

鄭芝龍字飛黃（或作飛虹），小名一官，學名又作國桂，明萬曆三十二年 (1604) 生於福建泉州南安縣，父親紹祖是泉

州庫吏，母親黃氏是澳門商人之女。芝龍青年時「性情蕩逸，
不喜讀書，有膂力，好拳棒」。十八歲時到澳門隨舅父經商，
學會了當時流行的葡萄牙語，並受洗成為天主教徒，教名尼
古拉斯‧加斯巴德 (Nicholas Gaspard) 或稱尼古拉斯‧一官
(Nicholas Iquan)。後來他到日本投靠李旦，經常為李旦運貨
往來臺灣等地。1624 年離開日本，一度充當荷蘭人的翻譯，
在荷蘭人從澎湖移住臺灣的活動中，他也參與過一些工作。
鄭芝龍在日本期間，不僅娶了一位田川氏（旅日華僑翁昱皇
養女，故亦稱翁氏），後來生子鄭成功；同時他也結識了顏思
齊等著名海商，這與他日後事業的發展有很大關係。

　　顏思齊是漳州海澄人，在家鄉與官府衝突，乃逃亡日本。
由於他的才略過人，又仗義疏財，乃成為流亡日本的閩人領
袖。據說有二十八人與他結為兄弟，大家推他為盟主，而鄭
芝龍很受他器重。他們想作一番大事業，後被日本政府發覺，
結盟兄弟不得已乘船逃往臺灣，他們在北港登岸，建立基地。
顏、鄭等人到達臺灣後，先安撫原住民，再分派部下耕種漁
獵。不久漳泉一帶無業貧民陸續聞風來臺，漢人在臺灣的勢
力更形壯大。顏思齊把部下分為十寨，「寨各為主，芝龍之
主，又主中主也」。天啟五年 (1625)，顏思齊病逝，鄭芝龍被
推為十寨之主，接替了顏思齊的地位。由於他有進取心、有
能力，更有制度地設立佐謀、督造、主餉、監守、先鋒等職
官，因而更能有效管理臺灣的部分土地。

　　由於臺灣早就有漢人開墾土地，繁衍生息，荷蘭人從澎
湖撤住臺灣時，「答應准許該地中國移民照舊居住和生活」，

並與鄭芝龍日後協議「雙方占有」「平地」，即鄭芝龍在漢人移民土地上擁有管轄權。

　　鄭芝龍在臺灣當上首領之後，一邊加強發展海上貿易，一邊也與明軍發生戰爭。天啟六、七年間 (1626–1627)，他不斷地打敗廈門、銅山以及粵東一帶的明兵，甚至也擊潰了明朝與荷蘭的海上聯合水師，弄得福建沿海無將無兵，「官兵船器俱化為烏有」。崇禎元年 (1628)，福建巡撫熊文燦祭出招撫的法寶，授予鄭芝龍海防遊擊的官職，鄭芝龍接受了招撫，條件是他仍有權統領原有的船隻、武器與部眾。「亦商亦盜」、「威名震於南海」的亡命之徒，搖身一變而成為明朝閩粵海防的武將。不但如此，鄭芝龍又與荷蘭取得協議，「將此地（臺灣）稅與紅毛為互市之所」。

㈢「海上之王」鄭芝龍

　　鄭芝龍成為明朝武官後，一方面以政府官兵消滅沿海賊寇首領李魁奇與劉香等人的勢力，一方面以或和或戰的手段對付荷蘭人。尤其在崇禎十二年 (1639) 的一次海戰中，他以智慧與戰術擊敗火力強大的荷蘭水師。他升官為總兵，儼然成了「海上之王」，「八閩以鄭氏為長城」，當時論閩省事務的人都說：「閩獨恃有鄭將軍，餘弁無可倚！」鄭芝龍當然利用他的地位與力量，從事海外貿易，取得暴利。

　　當時海外貿易確實獲利豐厚，有人說：「輸中華之產，馳異域之邦，易其方物，利可十倍。」也有人指出：「閩廣奸商慣習通番……牟利恆百餘倍。」鄭芝龍早在繼承顏思齊領導

海上勢力之初，就已「置蘇杭細軟，兩京大內寶玩，興販琉球、朝鮮、真臘、占城、三佛齊等國」，經營的商業規模相當可觀。接受明廷招撫之後，更是利用其身分與地位，壟斷東南海上通商。往來各國的船隻，「皆飛黃（鄭芝龍字）旗號」。據說他在故鄉泉州城南築安平城，並建造了一座富麗堂皇的府第，海船可以直接通到他家臥室，所謂「海梢直通臥內，可泊船，徑達海」，就是指此。另外府第內「亭榭樓臺，工巧雕琢，以至石洞、花木，甲於泉郡。城內市鎮繁華，貿易叢集，不亞於省城」。由此可見鄭芝龍的奢侈生活。

鄭芝龍能夠在明末中外局面混亂時，活躍在臺海兩岸之間，似乎也與他行事作風上的一些特質有關。例如他把搶得的米救濟福建遭旱災的民眾，讓人民「歸之如流水」。他「遇諸生則饋以贐，遇貧民則給以錢，重賞以招接濟，厚糈以餌間諜，使鬼通神，人人樂為之用」。他擊敗明軍時，常給明敗兵一條生路，「舍洪都司（先春）不追，獲盧遊擊（毓英）不殺」，不放棄機會向明朝福建官員示好，這可能與他被招撫有關。他對荷蘭人也能保持關係，不成絕對的敵人。鄭芝龍的這些表現，在在說明他嘯聚海疆還有更深一層的政治動機與目的。

鄭芝龍當上明朝武官後，不僅光宗耀祖，同時又達到控制海上航權的目的。凡過往臺海的船隻每年都得納稅二至三千金，這批巨額收入都進入了鄭芝龍的帳戶。當然鄭芝龍也知道當日的為官之道，他「獨攬通洋巨利」也不時地花用在賄賂高官身上，以打通關節，好讓他坐穩只升不降的官位。

閩南莆田有人稱讚鄭芝龍「十餘年養兵，不費公家一粒」，「歷數古今名將，靖國難，建奇勳，代不乏才；至若自給兵糈，解君憂，蘇民困，千古一人而已」。這固然是歌功頌德之語，但也是他當日部分實情的寫照。

崇禎十七年 (1644)，明朝覆亡，清兵入關，明朝宗室福王首先在南京建立了政權，當時鄭芝龍人在福建，他的弟弟鄭鴻逵則在鎮江任副總兵。第二年，清兵破揚州，福王的小朝廷垮臺了，鄭鴻逵也「盡棄軍實，揚帆東遁」，並帶著明朝另一位宗室唐王朱聿鍵來到福建，後來鄭芝龍兄弟以唐王「奇貨可居」，乃於七月二十七日擁立為帝，改元隆武，在福州又建立起了南明的另一個政權。

鄭芝龍兄弟幫助唐王，事實上是為他們自己擴大政治與經濟的勢力。首先他們被隆武帝加官進爵，一門兄弟都被封為侯伯，同時又「以封疆剿恢事委鄭氏」；但是鄭氏在軍事上只是以保衛福建為目的，毫無反清復明、効忠大明之心。為了籌餉，鄭氏兄弟又暴斂橫徵，鬧得閭里騷然。

隆武帝算是位有恢復之志的君主，個人不圖享樂，凡事自有主見；可是鄭芝龍出身草莽、不講禮法，又以援主有功，對隆武帝驕蹇無禮，並「日與文臣忤」，弄得朝廷不和不安。隆武帝既與鄭氏兄弟有了衝突，鄭芝龍又得到降清的洪承疇、黃熙胤來書，許以三省土地與王爵之封，芝龍乃決意棄明投清。芝龍的兒子鄭成功等人雖一再含淚苦勸，警告他「虎不能離山」；但芝龍為他「田園遍閩粵」的產業，終於投降了清朝。事實上，鄭芝龍在政治上的手段是幼稚的，他被騙到福

州後，清朝統帥貝勒雖然與他「握手甚歡，折箭為誓」，但不久後即被「挾之北去」，到北京被軟禁起來了。後來因為鄭成功在閩海反清，並東征臺灣繼續奉明正朔，鄭芝龍失去利用價值，在順治十八年 (1661) 被清廷所殺害。

綜觀鄭芝龍的一生，他給人的印象是多元的、複雜的。他是海商，也是海盜；他當過明朝的官，也受過清朝的冊封；他出生於傳統中國小吏的家庭，也受過西洋天主教的洗禮；他具有中國慷慨俠義的氣質，也有西方資本主義功利進取的特色。從他經商的角度來說，他的歸明與降清都是一樣，為的是保護既得的海商利益與壟斷東南海上的航權。他對荷蘭或戰或和策略，也是由自身利益為出發點。唯一不同的是，他了解與「外夷」只有商業利益而無「撫」、「降」的政治關係。他顯然還承認自己是中國人，懂得中外有別的道理。鄭芝龍在發展海外貿易、開闢臺灣以及對荷蘭人的抗爭等關係中，無疑是有功的，只是他太重視私人的經濟利益，在政治上表現出搖擺不定，特別是在清朝具備統一全國形勢時，棄明投清，造成他「末節不彰」的人格汙點，也造成他日後悲慘命運。

鄭芝龍認同中國還可以從培養兒子鄭成功的事跡上窺知。崇禎初期，他先設法把童稚的鄭成功從日本接回福建，為他禮聘名師，使鄭成功從小就「輒佩服春秋之義」。清兵入關時，鄭成功在南京國子監讀書，拜著名學者錢謙益為師，受到東林學派愛國思想影響很深。清順治二年 (1645)，唐王在福州成立政權後，鄭成功也回到家鄉扶明抗清，受到隆武

帝的賞識，賜他國姓，改名朱成功，這就是後人稱他「國姓爺」的緣由。隆武二年 (1646) 鄭成功力阻父親降清不果，不久後生母又在家鄉被清兵侮辱慘死，國恨家仇，接踵而至，使他毅然棄文就武，焚燒儒服儒冠，自稱「罪臣國姓成功勤王」，從事反清復明戰爭。

㈣鄭、清、荷三角關係

鄭成功初起事時，只有弱兵數千，經過他辛苦經營，以復明大義號召，到順治八年 (1651) 他已成為東南沿海反清勁旅，令清廷十分困擾。從順治九年到十一年 (1652–1654) 之間，清朝與鄭成功進行多次和談，以封公賜地來誘惑鄭成功，但是鄭成功一則為民族大義，一則為海商利益，始終不畏清廷的威脅，包括父子家人的威脅，拒絕清方的招撫。

講起鄭成功的海陸貿易利益，實在也是可觀的。在他起事反清後不久，在父親事業的基礎上，已經建立起山海五大商，以杭州與廈門為基地，專門從事國內、外的貿易。其中設在廈門一帶的海路五商，負責海外貿易，「以仁義禮智信五字為號，建置海船，每一字號下各設有船十二隻」。這些貿易所得就成了軍費的來源。

順治十二年 (1655) 之後，清朝改撫為剿，決心以武力平服鄭成功，雙方發生過幾次大戰，互有勝負，而鄭成功的反清軍在順治十六年 (1659) 還大舉進入長江，破瓜州，下鎮江，圍南京，使清廷大震，一度為復明人士帶來希望。不過當時中國西南抗清運動漸入尾聲，清軍乃得集中兵力反攻鄭

軍，逼使鄭成功退出長江，重回閩南，最後因在中國東南沿海難以立足，決定東征臺灣，另建反清復明的基地。

　　鄭成功驅逐荷蘭人收復臺灣之後，他以赤崁為東都，建立府縣，編制軍隊，屯田墾荒，獎勵文教，想把臺灣變成一處有教化有秩序的海外樂土。當時桂王永曆帝已被殺害，明祚已絕；但他仍奉明正朔，自己只以永曆帝冊封延平王為稱，不敢僭越。他又在赤崁城裡設永曆帝御座、龍亭，每逢永曆帝生日、夏至、冬至以及新年等節日，他都帶領官屬「朝賀如儀」，充分表現了他忠明不貳的赤心。

　　鄭成功在從事反清運動的同時，也與占據臺灣的荷蘭人有或和或戰的關係，也是當時臺海關係中應該一述的。

　　鄭成功為籌措軍費，經常派船前往日本和東南亞各地貿易，這與荷蘭在東亞貿易發展必然發生衝突。特別是鄭成功與清廷和談破裂之後，鄭荷雙方關係幾乎達到公開對抗的局面。荷蘭船不但在沿海攻擊並劫持鄭成功的船隻，同時又蓄意阻撓鄭船去南洋通商。鄭成功則在順治十三年(1656)夏初，禁止一切船隻到臺灣與荷人貿易，並嚴重警告巴城荷蘭總督：如果不善待居住在臺灣的中國人，海禁將永遠執行。鄭成功的命令發布後，大陸駛往臺灣的船隻立即減少，連居住臺灣的漢人也紛紛返回內地，鄭、荷關係頓時緊張起來。荷蘭人因貿易斷絕而損失巨大收入，也缺乏日常生活物資的供應，於是派出通事何斌為特使，到廈門與鄭成功談判開放海禁問題。何斌往返大陸兩次才達成協議。其間交涉經過，鄭荷雙方所記文字略有不同，鄭方說：

臺灣紅夷酋長揆一遣通事何廷斌（即指何斌）至思明
（按：為廈門）啟藩：年願納貢，……（荷蘭）年輸
銀五千兩，箭柸十萬枝，硫磺千擔，遂許通商。

荷蘭紀錄則稱「年願納貢」一事是鄭方先提出的，何斌
無權答覆，所以先回臺灣向揆一等人請示，後來達成協議，
准許何斌在臺灣替鄭成功徵稅，「不涉及荷蘭公司，並不致損
害公司利益，對國姓爺向中國人課稅並無異議」；不過荷蘭在
臺灣的長官對此事不願公開承諾，致使何斌在臺徵稅後來變
成「非法」行為，終於導致何斌被審，以致潛逃鄭營事件。

何斌逃回大陸為鄭成功效力，大約是在他負責徵稅後的
第三年，即順治十七年 (1660)。由於何斌長期居臺，又擔任
荷蘭政權的長老與通事等職務，他對臺灣的了解是深刻的。
他投鄭時又「密進地圖」，並說「臺灣沃野千里，實霸王之
區」，「若天威一指，唾手可得。成功聞其言，觀其圖……滿
心豁然」。可見鄭成功日後出兵臺灣，何斌應有關係。

總之，在鄭成功抗清時代，臺海兩岸有鄭清對抗、鄭荷
對抗與清荷對抗，關係極為複雜。鄭成功以「復明」為號召，
以保存中華髮式衣冠為職志，對清朝從事十多年的和戰活動。
他在攻克赤崁與荷蘭人簽約時說：「我必須收復臺灣，臺灣是
中國領土，自應物還舊主。」他的詩句「縞素臨江誓滅胡」、
「不信中原不姓朱」、「開闢荊榛逐荷夷，十年始克復先基」，
在在表現了他的愛中國、愛中華文化的思想，這也是至今仍
有很多人崇敬他的原因。

　　鄭成功復臺後一年多，臺海兩岸局勢大變，順治皇帝與鄭成功先後逝世。清鄭兩大對抗陣營換了新的首腦人物，康熙繼順治為君，鄭經在經歷繼承鬥爭後接任了延平王。清鄭雙方又遭逢了二十多年的和戰關係，最後清朝戰勝了明鄭，從此才使紛爭平靜下來。

二、鄭成功抗清及其成敗得失

　　西元十七世紀中葉，中國真是混亂成一團，除了西歐殖民勢力侵擾東南海疆澳門、澎湖、臺灣各地外；中國內部又發生流民大動亂並建立政權；滿族也興起於東北，擊敗明朝軍隊，並入關趕走李自成領導的流民大軍，定鼎北京，入主中原。

　　另一方面，自北京的明朝滅亡後，南方明朝宗室先後建立了幾個政權，意圖恢復；但多半是「君不君、臣不臣」的爭權奪利，互鬥內耗，為時不久就被清軍消滅，走進了歷史。像首先於順治元年 (1644) 五月在南京建立的福王弘光政權，由於政府內還進行閹黨與東林黨的政爭，迫害異己，政治腐敗到了極點，一年後就被南下的清軍滅亡。兩個月之後，即順治二年 (1645) 閏六月，張煌言等愛國志士迎立明朝魯王朱以海於紹興就監國位，但不到一年，清軍便攻陷紹興，朱以海等敗逃海上，政權從此不存。與朱以海被人迎立的同時，在福州又有鄭芝龍、黃道周等人擁立明朝另一宗室唐王朱聿鍵為帝，建元隆武，成立另外的政權。朱以海與朱聿鍵之間又互相爭權，大為減弱了抗清的實力。而隆武朝中鄭芝龍把

持朝政，與其他官員矛盾重重，鄭芝龍最後甚至暗中勾結清廷，投降清軍，致使唐王在順治三年 (1646) 秋天死難，隆武朝也隨之覆亡。其後，桂王朱由榔在廣東肇慶建立南明永曆政權，但清軍已據有大半中國土地，抗清勢力只能活動在南方一隅了。

㈠為復明而抗清

　　隆武帝朱聿鍵被清軍擒殺之前，鄭芝龍在清廷高官厚祿誘惑下投降了清朝；他不接受兒子鄭成功的苦勸，反而教鄭成功也隨他一起降清。鄭成功則大義凜然地拒絕父命，並在家鄉組織武裝部隊，舉義抗清。鄭成功為什麼會如此呢？原來鄭芝龍的這位長子，雖然生母是日本僑民，但他卻在南京國子監裡讀過書，拜學者錢謙益為師，頗受東林黨思想的影響，尤其受傳統儒家教育的薰陶，「輒佩服春秋之義」。福州隆武政權成立後，唐王又非常寵信鄭成功，拜為宗人府宗正，授御營中軍都督，典禁軍，同時又賜鄭成功國姓「朱」，「自是咸稱國姓焉」。唐王對鄭成功的曠典殊恩不時頒降，甚至還對鄭成功說：「惜無一女配卿，卿當盡忠吾家，無相忘也。」這些都令鄭成功極為感動。後來在抗清的行動中，鄭成功一再聲稱自己是「明朝之臣子」、「中興之將佐」，並堅稱：「不信中原不姓朱。」相信都與他年輕時所受教育以及特別際遇有關；同時在清軍南下福建時，鄭成功的生母又被清軍辱殺。鄭成功乃在國仇家恨下起兵抗清了。

　　順治三年底 (1646) 鄭成功誓師抗清時文移上稱「大明忠

孝伯招討大將軍罪臣國姓朱成功」，最初所屬只有陳輝、陳豹、施郎（後改為琅）、施顯、洪旭等九十多人。後來收兵南澳（今廣東南澳縣），得眾數千，才稍具實力，而明朝宗室、遺老也逐漸前往依附，反清志士與鄭芝龍舊部也有來歸的。

順治四年 (1647)，鄭軍攻海澄與泉州都失利。五年 (1648) 攻同安，雖克其城但不久又被清兵奪回，可見鄭成功的部下實力有限，根本還不能成為清廷的威脅。在此期間，鄭成功與桂王取得了聯繫，不久桂王封他為威遠侯，從此東南沿海與西南地區的抗清運動互相配合，形成較為強大牽制清軍的力量。

順治七年 (1650) 春夏間，鄭軍雖在潮陽、揭陽等地用兵順利；但在閩粵沿海，一直沒有根據之地。鄭成功的季父鄭芝鵬及部將施郎等人獻策，謀取廈門，作為抗清指揮中心。當時金、廈二島為魯王所封的建國公鄭彩與定遠侯鄭聯所據，鄭成功也覺得 「兩島本吾家土地，彼兄弟虎踞橫行，大不堪」。於是在同年八月中秋夜抵廈門，設宴計殺鄭聯，並乘亂控制了金、廈駐軍，鄭彩後來也在絕望中投降了。這一年十一月，清朝平南王尚可喜、靖南王耿仲明之子耿繼茂率兵數萬攻廣州，桂王派人通知鄭成功速派大軍南下勤王，協助解廣州之圍。次年正月初四日，鄭成功乃領兵至南澳，不料在三月間，福建巡撫張學聖乘鄭成功勤王之時，下令漳州、泉州清兵突襲廈門，大肆搶掠，獲得黃金九十餘萬兩、珠寶數百鎰、米穀幾十萬斛，鄭成功兩代家產及將士私有產業被洗劫一空。鄭成功無奈，只得急返廈門，以棄守罪殺死叔父鄭

芝莞，以放走清將罪，令另一堂族鄭鴻逵離開金門，交出軍權，至此鄭成功完全控制金、廈二島。

金、廈二島，形勢險要。廈門「高居堂奧，雄視漳泉」，「金門與廈門相唇齒，雖富庶不及，而地之險要尤甚」。金門是廈門出入的咽喉，踞其上也足以控制當時的臺灣、澎湖，並與沿海的海壇、銅山、南澳等地形成掎角之勢。同時廈門曾是鄭芝龍海上王國政經軍事勢力的中心，鄭成功取得金、廈之後，為他日後事業的發展創造有利條件。

鄭成功在重返廈門後，便全力建設並鞏固廈門為根據地。他為了提高部隊戰鬥力，立即進行改編他所屬成分複雜、地方、宗族派別不同的隊伍。後來他分陸軍為七十二鎮、水師為二十鎮，又建立五軍，下分多鎮，並指派統軍長官及分守駐防之地。鄭成功為重視軍民關係，改變海盜氣質，特別強調軍紀。他下令加強操練，整頓舟師，常常親臨監督，要求從難從嚴。為確保根據地廈門，鄭成功命專人建築炮臺，督造軍器，以增強防禦力量。除此之外，順治十二年 (1655) 鄭成功在廈門又著手建立政權機構，改廈門為「思明州」，以示不忘大明之意。並「議設六官，並司務及察言、承宣、審理等官，分隸庶事」。為籌措糧餉，更積極發展貿易，國內有「在京師、蘇杭、山東各地，經營財貿，以濟其用」的五大商，國外則貿易到日本與南洋。因此，鄭成功自取得金、廈為根據地後，船械更形完備，糧餉更加富裕，紀律更為嚴明，實力更顯雄厚，歸附的人也日漸增多，鄭軍乃成為東南沿海最大的抗清武裝力量。

㈡攻略福建沿海

在鄭成功努力建設廈門為根據地之時，軍士鎮將中有藉勢互相鬥爭的，左先鋒施郎與其弟施顯累有戰功，跋扈最甚。施郎與鄭成功本「如手足」，施郎是最早支持鄭成功抗清的少數人之一，鄭成功也一直對施郎很好，不但重用他為左先鋒，同時「軍儲、卒伍及機密大事悉與謀」；但是他好勝驕傲，常令鄭成功難以容忍。尤其在戰略籌餉等問題上，雙方常有歧見，弄得鄭成功「弗懌」。最後因施郎的一個親兵曾德，私下到鄭成功處請求提拔為親隨，鄭成功「與之，郎探知，即出令箭將曾德拿回立斬之」。鄭成功為此事極為不滿，於順治八年 (1651) 五月間將施郎及其父、弟等人軟禁，施郎乃設法逃回安平降清，成為日後消滅鄭氏臺灣的主帥。施郎的降清雖是一大損失，不過同年鄭軍在濠潯、小盈嶺等地幾次擊敗清軍，並曾乘勢攻克漳浦、詔安等地，頗有所獲。而魯王屬下定西侯張名振、平夷侯周崔之等人來歸鄭成功，也給鄭軍增添了實力。

順治九年 (1652) 正月，鄭成功為確定未來發展方向，曾召集文臣武將集會討論。金門人周全斌進獻兵策說：

> 今且固守各島，上踞舟山，以分北來之勢，下守南澳，以遏南邊之侵。與販洋道，以足糧餉。然後舉兵取漳、泉，以為基業。陸由汀郡而進，水從福、興而入，則八閩可得矣。

　　鄭成功聽到他的議論後「大悅」，並說：「此誠妙論。」可見鄭成功在建立金廈根據地後似無立即「恢復中興」的計畫，而只是先以奪取漳泉為戰略目標。

　　鄭成功定好以福建沿海為戰略行動對象之後，同年正月便輕易地取得海澄。三月間又占領平和，圍攻長泰。閩浙總督陳錦率馬步兵數萬來援，鄭軍在江東橋大敗清軍，陳錦隻身逃至同安城外被家丁殺害，鄭軍兵威益振。四月攻漳州，清將金礪率兵來援，鄭軍敗績，退守海澄。在這一年的鄭清交戰中，雙方雖互有勝負，但長泰一役，鄭成功充分表現出傑出軍事天才，值得深入一述。

　　順治九年 (1652) 正月鄭軍克海澄後，鄭成功便「親率眾萬餘來攻長泰，圍城三匝」。據記載，圍城時間自正月十八日開始，共歷時四十七日。長泰因長期被困無力支持時，鄭軍竟「解圍而去」。原來鄭成功採用的是「圍城打援」戰術。他一邊圍城，一邊打擊來援的清軍，收到極佳的效果。首先擊破泉州來援的勇將王進等人，使其大軍「死傷枕藉，餘眾潰散」。後來又在自古兵家必爭的水陸天塹江東橋邊大敗陳錦數萬雄師，「全軍俱覆，奔回同安」，而總督陳錦則在同安被家丁李進忠刺死，清廷大為震驚。江東大捷後，鄭軍再入長泰，出示安民，撫輯流亡，一時令鄰近諸邑的清朝文武官吏，或棄職潛逃，或開城獻納，造成鄭成功起兵以來未有的盛局。

　　自順治三年 (1646) 鄭成功起兵抗清後，即在海澄、泉州、同安、雲霄、詔安等地突襲清軍。取得金廈基地之後，更發動較大規模的奪海澄、長泰、漳州等戰役，使得東南沿

海的清朝官吏坐臥不寧，也引起了清廷的極度關切。當時南明名將李定國等在大陸西南雲貴一帶也頗具實力，與鄭成功掎角陸海，互為永曆帝的兩大柱石，不時給予清軍嚴重的打擊。尤其到陳錦喪師，金礪不能一舉「永靖海氛」之後，清廷重視到東南沿海鄭成功的問題，於是決定改變策略，利用投降的鄭芝龍，實行「東撫西剿」的政策，因而自順治九年底至十一年七月，清廷主動進行了四次和談活動。

㈢藉和談籌措糧餉

和談的起因是當時清廷感到在西南與東南兩面作戰，「力不暇及」，而鄭成功的勢力又不易剪除，才想到用和議來招撫鄭成功。順治皇帝對大臣的建議表示贊同，於是展開清鄭議和之事。皇帝頒降了一道敕書給閩浙總督劉清泰，先述多爾袞對鄭芝龍的失信，福建地方官偷襲鄭成功基地廈門的「行事乖張」。其次談到鄭芝龍既已降清，「其子弟何忍背棄父兄」，希望以親情感動鄭成功就撫。最後答應授予鄭成功官職，不必來京，在東南沿海工作。同時在這一年的十月間，鄭芝龍也遵照政府指示，派出家人周繼武帶著家書南下福建，第二年正月到達廈門，向鄭成功說明他父親勸和的心意。鄭成功因一家幾十口困在北京，所以回信向父親抱怨清廷失信、禮遇不周，並說他自己擁兵很多，「今騎虎難下，兵集難散」，顯然沒有完全拒絕和談。清廷看到鄭成功給他父親的家書後，認為和談並未絕望，乃於順治十年 (1653) 五月初十日又由皇帝頒降了一道諭旨，封鄭成功為海澄公、鄭鴻逵為奉化伯、

鄭芝龍為同安侯，並聲稱「敕諭到日，滿洲大軍即行撤回。閩海地方保障事宜，悉以委託」給鄭成功，以表示誠意。清廷為慎重起見，特別派了專使滿洲章京碩色與鄭成功的表親黃徵明，一同攜帶敕諭及「海澄公印」、「奉化伯印」等物到福建，辦理「撫事」。

　　鄭成功沒有接受清廷的封公，但也沒有全然拒絕和談。除了家人生死他有所顧忌外，當時他正在漳州一帶進行作戰，軍需糧餉亟待整補。他私下曾對幕僚們說：「將計就計，權措糧餉以裕兵食也。」因此他利用回覆給父親的家書，向清方表達了一些意見，例如：1.重提清廷對父親的背信，他若就撫是否同樣會再上當。 2.清軍突襲廈門洗劫鄭家產業，不能就此了事。 3.清軍若與鄭軍繼續作戰未來所費必多，而且困難重重。 4.提出至少要割讓給他三省土地的要求，否則怕兵散後「各自嘯聚，地方不寧」。 5.他又說出「從治命不從亂命」，表達清廷不能以他父親及家人來威脅他，因為他必要時可以大義滅親。

　　同年十月，鄭芝龍看到成功的家書，知道和議事不能成就，他就將家書呈遞中央。清政府對鄭成功的「驕橫」、「不識時務」極為厭惡；但仍由大臣專案「研議」，結果在同年十一月間又作出新讓步，對鄭成功提出更優厚的條件，封他為海澄公，給靖海將軍敕印。又給以漳、泉、惠、潮四府，領有四府兵權及領海權。順治十一年 (1654) 正月，清廷特使與鄭芝龍家人一行到達福州，由鄭家家人李德先到廈門拜見鄭成功。鄭成功與李德見面後，為應付清廷，乃派出常壽寧與

鄭奇逢為正副使去福州與清使會談。在常壽寧等臨行時，鄭成功特別交代：「議和之事，主宰已定。……爾等言及應對，只是禮節要做好看，不可失我朝體統，應抗應順，因時酌行，不辱命可耳。」常等一行於二月初一日到福州，和談未展開就發生雙方「行禮」問題的爭執。清方要常壽寧等行下見上的叩拜禮，常壽寧則堅稱雙方是（明清）「兩國命使」，行賓主之禮即可。而且「本省屬之明朝，則我為主」。如果清方一定「欲先屈我，是無意於和，我等回歸復命矣！」後來經過幾天的折衝與安排，清使直到二月初六日才與鄭成功見面，地點是鄭家故居的安平東山書院。鄭成功沒有接受敕書與印信，只對清使說：「兵馬繁多，非數省不足安插。和則高麗朝鮮有例在焉。」清使無奈，只得離開閩南，回京復命。鄭成功卻在清使北歸後，乘機在福、興、泉、漳等地「派助樂捐」，徵得不少船料兵餉，真正收到利用和議以強大自身力量的效果。同時在這一段期間，鄭軍大將張名振「突入長江，奪船百餘隻」，並且得瓜州，登鎮江金山寺，遙祭明朝皇帝。張名振軍後來還遠略山東登州、萊州，攻入天津等地，帶給反清人士極大振奮與希望。

清朝使臣返回北京，將鄭成功所提索取數省土地與仿高麗稱臣納貢例等條件報告朝廷，皇帝與主事大臣都很氣憤。不過閩浙總督劉清泰為促成和談成功，又向皇帝懇求再命鄭芝龍「詳為密切家書一紙，速寄成功，使之 …仰體」，誠心就撫。鄭芝龍也表示願意再作家書，並派與鄭成功自小就相好的次子鄭世忠隨清使一同前往，相信「諭以君恩，責以父

命，巽言婉導，彼必欣然向化」。皇帝最後勉強同意了他們的看法，為和談作最後的努力。

　　清朝第四次和談特使於順治十一年 (1654) 八月間到達福州，鄭成功不肯去福州議事，只邀請清使來泉州。清使葉成格派人告知鄭成功：「不薙頭，不接詔；不薙頭，亦不必相見。」鄭成功則叱斥了來人一頓，因此雙方在見面前就已產生了不良印象。九月初四日，鄭成功派人請葉成格等來安平談判。葉成格為使和談能順利進行，在初七日先派鄭世忠去看他兄長鄭成功，希望能營造一個有利環境。不料鄭成功根本無意接受清廷招撫，他認為「從古易代，待降人者，多無結局」，「我一日未受詔，父一日在朝榮耀」。他讓鄭世忠「勿言和事」，只「戲酒以樂其心」。同月十七日，葉成格等人到了安平，「隨從精騎數千，步旅萬餘」，而鄭成功也「列營數十里，旗幟飛揚，盔甲鮮明」，真是「漫山遍野劄營，瞭哨四出，各相提防」，全無和平氣氛。談判是在互相猜疑下進行，而開始會談時又各有堅持，鄭成功要「先開詔書酌議」，然後再談薙髮之事。葉成格則認為非先薙髮則不能討論其他事。雙方爭執幾天，沒有結果，葉成格等便在二十日離開回到泉州，不久北上返京復命了。

　　順治十四年 (1657) 正月，清廷又以「夷三族」威脅鄭芝龍，鄭芝龍乃再作書勸鄭成功降清，鄭成功不從，自此和局乃告絕。

㈣揮軍北伐

　　葉成格等人離開福州以後，福建巡撫佟國器便向皇帝奏報：鄭成功索要四府，「不奉東西調遣」、「不受部撫節制」，簡直是「名為受撫，實恣剽劫」。又說：

> 據臣愚見，非示之以威，則何知有恩？非迫之以剿，則何肯就撫？此不易之定理也。

　　另外，閩浙總督劉清泰也說：

> 鄭成功抗不薙髮，言語支吾，……則成功之終不受撫，與終不可撫者，已不待再計而決矣。倘於此而皇上不大張問罪之師，亟易撫局而為剿，不但人心日聽其搖惑，亦且地方日受其侵凌！全閩之事，有從此不可問者矣……。

　　可見福建地方的疆吏都主張討伐鄭成功。順治十一年(1655) 十二月中，皇帝特令世子濟度為定遠大將軍，統率滿洲大軍入閩，會同福建地方武力，希望「早奏膚功」。第二年五月，濟度的三萬多大軍到了福建，目標指向廈門。鄭成功也盡調各路軍回廈門，並將部隊的家屬遷居金門，準備與濟度作一殊死之戰。由於冬季海上風力強勁，清鄭之間的大決戰延到順治十三年 (1656) 四月十六日才正式爆發。清軍分三

路出泉州港進攻金廈，在泉州東南圍頭海上發生激戰。當天「狂風大作，陰翳濛霧，對面不見船艬」，清軍因無海戰經驗，「咸受顛播之苦，眩暈顛倒，支持不住」，「船不成艬，或斷桅者，或拖桅者，聲遍海上，各為飄散」，潰不成軍。由於圍頭海戰的敗績，清方意識到以「征剿」來「平海」絕非易事，乃改變策略，一邊「禁海」以斷絕鄭軍軍需用品的來源，另一面又採用「顯官厚賞」來離間分化鄭軍。禁海收效不宏；但誘降卻使不少鄭軍中的將才如黃梧、蘇明等人降順清軍，協助清方制定更嚴厲的政策，使鄭軍在沿海難以立足。鄭成功也在圍頭大捷後，深感「以漳泉為基業」的格局過小，不但不能「恢復中興、報國救民」，就連在福建一省，也常是「地方頻得頻失，終無了局」。為了實現更大理想，鄭成功乃於順治十四年 (1657) 四月，召集文武官員商討未來大計。吏官潘庚鍾說應揮師江南，取得南京後，閩、粵、黔、蜀諸省「悉響應矣」。大將甘輝以為不可，應仍在金廈生聚。最後參軍陳永華則強調「取江南而兩島自安」，否則只在福建作戰而望中興，「此亦甚難」。鄭成功聽了大家的討論，最後說：「吾亦有心久矣」，北征之議乃定。

同年夏天，鄭成功即著手北征南京的準備工作，一面又派人到廣西向永曆帝報告，並約定與李定國「明年夏會南都」。秋間鄭成功親自率師攻克浙江沿海的黃岩、台州及海門等地；但福建地方大吏聞悉成功北上，乃集合大軍攻陷閩安等城，威脅鄭軍基地金廈。鄭成功無奈只得回兵，救保廈門。

順治十五年 (1658) 五月，鄭成功再度發動北伐，號稱

「雄師十萬」，戰船數千；但在八月間於浙江嵊泗縣西南海上洋山島境遇大風，船隻破損很多，包括鄭成功三個兒子在內的近八千士兵淹死。鄭成功只得「回舟山收拾，再作區處」。經過兩次挫折，軍心士氣大受影響，不少人反對北征，也有人乾脆離隊逃亡；而當時清軍在西南又取得了勝利，重兵已陸續班師回內地，這些都是對鄭成功北征不利的情勢。

　　順治十六年 (1659) 五月，鄭軍在浙東沿海整補完畢，立即全師北上，過舟山，攻崇明，然後沿長江而上，先占瓜州，再奪鎮江，一路順利到達南京，軍威氣勢極盛；然而清軍除南京城裡置以重兵之外，從雲南凱旋歸來的噶褚哈大軍，以及由內大臣達素統領的數萬大軍，亦由京城趕到南京，實力相當可觀。鄭成功見南京城堅，深知強攻不能奏效，於是採取「攻心為上」的「圍而緩攻」策略，希圖長期圍困迫使清軍投降。不料清軍先發制人，從南京各方分六路猛攻鄭軍。鄭軍在東南沿海本以海戰見長，遊擊取勝。此次遭逢馬步軍正式陸上戰鬥，雖奮勇迎戰，卻屢戰屢敗，傷亡慘重。鄭成功見大勢已去，乃下令撤離南京，沿江東下，返回廈門，北征之役以潰敗而終。

㈤東征臺灣

　　北征南京是鄭成功抗清行動中最大的一場戰役，但以慘敗收場，戰將包括甘輝、萬禮、林勝、藍衍等十二人陣亡，兵員死傷過半，戰船、軍糧更是損失無算，鄭成功的中興壯志受到嚴重打擊，部下叛逃降清事件也層出不窮。面對如此

困境，鄭成功終於作出果斷的決策：立即東征臺灣。他把個人想法告知文官武將：「臺灣一地，離此不遠，暫取之，並可以連金、廈而撫諸島，然後廣通外國，訓練士卒；進則可戰而復中原之地，退則可守而無內顧之憂。」

這一重建抗清新基地的決策，在當時雖也獲得了不少將士與官員的同意和支持；但吳豪、黃廷等人仍覺得荷蘭炮火堅利，水路險惡，認為不可。最後還是陳永華說了：「凡事必先盡之人，而後聽之天。」他主張「試行之以盡人事，悉在藩主裁之」，鄭成功當然堅信臺灣是「根本之地」、「可生聚教訓」，於是決定了東征之役。

順治十八年 (1661) 三月二十三日，鄭成功親領將士兩萬多人，戰船數百艘，由金門出航，次日抵澎湖。同月二十七日，舟師發自澎湖，四月初一日黎明抵臺灣之外沙線。初三日與荷蘭守軍交戰，殺荷蘭領兵官。荷蘭總督揆一派人請鄭成功退兵，願每年輸稅若干萬，並土產貨物，且願奉勞軍銀十萬兩，鄭成功不許，對揆一聲言：「臺灣係中國土地，自應物還舊主。」其後經過八個月的圍困，揆一因鄭軍直薄城下乃遣使乞降，後訂降約十條歸國。總計荷人據臺三十八年，臺灣自此重歸幅宇。

鄭成功收復臺灣後，即全力建設臺灣，改赤崁為東都明京，設一府二縣，整調法紀，安定社會，命軍士屯墾農地，又發展海上貿易以裕經濟收入。正當臺灣各項建設工作啟動之際，鄭成功因北征敗績，桂王殉國，父親鄭芝龍等家人被清廷處死，世子鄭經的亂倫醜聞等等家國事變，令他不堪負

荷，乃於抵臺之第二年，即清康熙元年 (1662) 五月初八日病
逝臺灣，得年三十九歲。

㈥得失評估

從順治三年到康熙元年 (1646–1662) 前後十七年的抗清
活動，鄭成功與清廷和戰關係的成敗得失，顯然很難作出定
論，不過，有幾件事實是可以相信的：

第一，在清鄭雙方幾十次戰役中，鄭軍長於海戰，他們
「憑海為巢，倚船為窟」，「飄忽無常」，以遊擊戰術，出清軍
之不意，攻清軍之不備，故在東南沿海作戰常獲勝利，鄭成
功也成了清廷心目中的「東南一巨寇」，令清廷異常困惱。像
圍頭海戰等役都足以證明此一事實。同樣的，大規模陸戰則
非鄭軍所長，北征南京的失敗便是具體實例。

第二，在清鄭多次和談接觸中，鄭成功確實利用表面談
和達到「權措糧餉以裕兵食」的目的，也在閩粵沿海擴大地
盤，增強了抗清勢力。但是從整個清鄭戰爭的結局來看，清
朝卻在和談期間牽制了鄭軍，而使鄭軍失去了與西南李定國
聯合作戰的機會，讓清軍無後顧之憂地消滅南明武力，南明
恢復的希望從此幻滅，鄭成功自己的「上報國恩」、「恢復中
興」的抱負也變得不可能了。因此，和談對鄭成功而言，應
該是小得大失，得不償失。

第三，在整個抗清活動中，鄭成功多少還是受到海商觀
念與利益的牽絆，影響到他的生涯與事業。例如在早期奪得
金廈基地後，他接受周全斌的固守各島、興販洋道的建議，

以致忽略了逐鹿中原的大目標。順治八年 (1651) 南下勤王時，施郎等人因海上貿易而反對南下遠征，將士後來脫巾要離隊，鄭成功乃以廈門被劫而回師，可見也是與海商利益有關。順治十四年 (1657) 北征南京，甘輝等人堅決反對，認為出師江南會使金廈基地陷於危險境地。鄭成功雖最後決定北征，但鄭軍中不少官兵先後降清，可見對海商而言，他們並沒有打算堅持抗清。即使北征失敗，鄭成功要轉進臺灣時，鄭泰、洪旭、黃廷等人「皆不欲行」。鄭泰是鄭成功屬下的「戶官」，是財經大臣，掌管東西洋貿易，他的反對更足以表明典型海商人物的態度。總之，鄭成功雖不是完全按照海商利益行事，但海商們的利益觀念卻影響了鄭軍前途。

第四，鄭成功抗清活動的最後失敗，與當時雙方戰略地位以及實力消長有關。順治十一年 (1654) 鄭成功第一次南下勤王不成，李定國敗退南寧，西南抗清形勢已起了不利的變化。三年後南明將領內訌，孫可望降清。到順治十五年 (1658) 清軍三路進入貴州，南明軍已一蹶不振，抗清已勢不可能，此時鄭成功領兵北征，雖一度令「全浙震動」，但洋山遭風，損失重大。一年後再入長江時，清軍已平定雲南，班師中原，可以集中全力對付鄭軍。鄭成功即使攻下南京，早晚也會被清軍包圍，遭到敗亡的命運。大環境、大形勢已對鄭成功不利了。

第五，儘管鄭成功抗清沒有成功，但他的軍事才華卻是一流，這在他的重大決策中可以看出。除長泰、圍頭等戰役中，他的戰略應予肯定外，在南京之役兵潰時，他不顧張煌

言的忠告，不理羅子木的哭諫，下令全軍撤出長江，返回廈門，以保存實力，否則明祚絕不能再延續二十多年。另外在東征臺灣的決策上，當時除他的部將海商代表人物多反對外，張煌言也認為「臺灣者，枝葉也」，「自古未聞以輜重眷屬置之外夷而後經營中原者」，逃到臺灣「生既非智，死亦非忠」。鄭成功的老師錢謙益也批評說：「鄭氏之取臺灣，乃失當日復明運動諸遺民之心。」可是鄭成功還是毅然地揮兵渡海，收復了臺灣，為抗清運動開闢了新基地。這些重大決策，在在說明鄭成功是一位務實的、有遠見的軍事家、政治家。

　　第六，鄭成功固然在個人獨斷行事、治軍過分嚴厲、戰勝心驕輕敵、難脫海商本質等方面，有些做人處事上的缺陷，但是他忠明復明心意卻是始終如一。從他起兵抗清開始，他就稱自己是「明朝之臣子」，「中興之將佐」，要為「恢復中興」伸張大義。在多年與清朝的和戰關係中，他也始終為實現「中興」大業而努力。取得金廈，他認為是「恢復有基矣」。攻打閩粵，是為了「會師浙直」。他與李定國相約是「水陸並進，規復金陵」。其後計畫北征也是為「立洗腥膻之穴，然後掃清宮闕，會盟畿輔，豈不大符夙願哉」。既是「夙願」，可見他一心一意要復明。即使後來東征臺灣，他也是「假此塊地，暫借安身，俾得重整甲兵，恢復中興」。直到臨死前一刻，他仍愧咎地說：「吾何面目見先帝於地下乎？」忠明復明心志，真是溢於言表！其他如改廈門為思明，以臺灣為東都，在東寧設永曆帝御座、龍亭、奉明正朔等等，更能說明他忠明不貳。鄭成功又拒絕荷蘭人的納稅贈金，而執意收回臺灣

這塊中國故土，這也是後人尊奉他為愛國英雄人物的主要原因。清朝康熙皇帝讚譽鄭成功是明朝忠臣，清末沈葆楨稱鄭成功是「創格完人」，都是鄭成功一生人格與事功的寫照。

三、鄭經與清廷的和戰

順治帝死後，皇位由康熙繼承，一切尚稱順利。臺灣的情況則不相同，鄭成功在「忠孝兩虧」下辭世，他的弟弟鄭襲與兒子鄭經卻發生了爭權的鬥爭。鄭經後來雖然得到部分將領的支持，繼任延平王位，但人心不穩，國本不固，因而在康熙元年 (1662)，鄭經派出專使楊來嘉與清廷直接折衝，結果一事無成，和議暫告結束。鄭經確實收到了安定內部與展緩清兵攻打的效果。

(一)清、鄭議和及爭執

臺海兩岸首度和談為什麼會失敗呢?原來在鄭成功時代，雙方多次和談不能有所成就的原因是清廷要求鄭成功薙髮歸降，受清朝節制，而鄭成功則堅持仿照朝鮮事例，蓄髮稱藩，是想為復明事業留下一絲希望。鄭成功死後，康熙與鄭經的代表舉行第一次和議時，楊來嘉仍重申不薙髮的主張，因此交涉不能突破。第二年福建總督李率泰再向鄭經「傳宣朝廷德意招撫」，得到的回應還是「若欲削髮登岸，雖死不允」。福建地方官見和談無望，發兵攻打鄭經控制下的銅山等地。鄭經不敵，乃退守臺灣。康熙四年 (1665)，施琅率清軍遠征澎湖，希望消滅鄭氏海外反清勢力，結果在海上遇風，「各船

飄散」,損失很大。施琅無功而返,清廷也改變了對臺政策,暫時由剿而撫了。

康熙六年 (1667),有位在北京候補的官員孔元章,他向清廷自薦,願意到臺灣說服鄭經,達成招撫的任務。清廷准允了他。同年五月,孔元章到了臺灣,傳達清廷招撫之意。鄭經待他很好,但是仍然告訴他:「臺灣遠在海外,非中國版圖,且先王(指鄭成功)在日,亦只差薙髮二字,若照朝鮮事例則可。」孔元章原先想提出三項和談具體方案,即沿海地方通商、稱臣奉貢,以及鄭經遣子入京為人質等,終因薙髮之事互不相讓,致使孔元章臺灣之行毫無結果。

不久,清方派出刑部尚書明珠與兵部侍郎蔡毓榮南下福建,與地方官員共商招撫大計。經過研商,決定選派興化知府慕天顏等人前往臺灣。鄭經很禮貌地接待他們,但不肯接受清朝皇帝的詔書,只同意拆閱明珠具名給他的函件。明珠在信中說到「安民之謂仁,識時之謂智」,希望「為世豪傑」的鄭經能「翻然歸命,使海隅變為樂土,流離復其故鄉」,接受招撫。鄭經對慕天顏說:「不削髮,稱臣納貢,尊事大之意,則可也。」慕天顏則軟中帶硬地說:「朝廷頻頻遣使招撫者,亦是憐貴藩忠誠,不忘舊君。若翻然削髮歸順,自當藩封,永為聖朝柱石;不然豈寡樓船甲兵哉?」鄭經對慕天顏的勸說只回答:「先王在日,前後招撫者,亦只差『削髮』二字,本藩焉肯墜先王之志?」

由於各有堅持,不得要領,慕天顏一行在臺灣住了十多天,決定先回大陸。不過他在臨行前請求鄭經派人同去泉州,

以便繼續相談，也讓他好向明珠覆命。鄭經應他所請，隨即命禮官葉亨與刑官柯平隨慕天顏同返大陸，並攜帶一封鄭經簽名的信給明珠。信中再強調他「必不敢棄先人之業，以圖一時之利」。

慕天顏與葉亨等一行抵達泉州之後，為了與明珠見面時行禮的問題，雙方又爭執不休。柯平等始終要以平等地位相會，以為「國有大小，使實一體，應執行客禮」；慕天顏則說「由角門而入，偏坐」，比較合宜。大家意見不合，爭吵了幾天，最後改在孔廟中開會，總算解決了地點與禮節的問題。會談時柯平等仍堅持「執朝鮮事例，不肯薙髮，世守臺灣，稱臣納貢」等原則，清方代表當然不能同意。不過明珠等人曾向皇帝特別請求「賜其藩封，世守臺灣」，但是皇帝不准，並降旨說明不能准允的原因為：「朝鮮係從來所有之外國，鄭經乃中國之人。若因居住臺灣，不行薙髮，則歸順悃誠，以何為據？」皇帝還說：「果遵制薙髮歸順，高爵厚祿，朕不惜封賞，即臺灣之地，亦從彼意，允其居住。……如不薙髮投誠，明珠等即行回京。」明珠雖遵照皇帝旨意北上回京，但他仍再派慕天顏陪同柯平等回臺，並苦勸鄭經薙髮就撫，認為鄭經既「欣然稱臣，又欲別其衣冠制度，此古來所未曾有」，他希望鄭經「裁決一時，安享萬世」。鄭經堅持原則地答道：「若欲削髮，至死不易事。」慕天顏見鄭經詞嚴意切，知道再辯論也無效，於是搭船回福建，結束了這次辛苦的和談奔走。

㈡薙髮之爭導致談判破裂

綜觀康熙六年至八年 (1667–1669) 間的清、鄭和議，可以看出清方採取主動，先派孔元章赴臺，再命明珠等官員南下，究其原因，可能與以下諸事有關：1.康熙即位之後，眼見權臣跋扈的可怕，深感中央政府與皇帝權力不能伸張之苦，因而考慮到臺灣問題，推動和議比戰爭好，集權中央比地方分裂好。2.當時三藩勢力已很可觀，他們不但有獨立的軍隊，享有獨立的財政，甚至還有獨立的人事任免權，又不時傳來與中央對抗的消息，中央當然不希望臺灣成為三藩外的另一強藩。3.孔元章赴臺談判雖無成就，但傳來鄭經所說的「我等身體髮膚，皆是朝廷所有」等訊息，讓清廷想到有談判的空間。但是雙方最後不能得到共識，是因頭髮薙與不薙的爭執上。事實上這不僅代表政治目的的不同，也代表著雙方對各自文化傳統的堅持。

康熙十二年 (1673)，吳三桂因清廷撤藩而起來反清，後來耿精忠與尚之信也參加了對抗清朝的行列，形成了嚴重的三藩之變。鄭經在耿精忠的邀約下也率軍渡海西征，登陸福建，並取得不少戰果。不過後來戰局逆轉，耿精忠與鄭經翻臉並又投降了清朝，鄭經也因陸上戰事不利，只好退保金廈，處境變得困難起來。康熙十六年 (1677) 四月，當時在福建主持軍務的和碩康親王傑書，為減少軍力牽制，乃又派人到廈門與鄭經議和。相傳傑書還同意鄭經「如高麗朝鮮故事，通商貿易，永無嫌猜」，這件事是否得到朝廷准允，不得而知；

不過傑書的作風顯然是想進一步地讓步。鄭經帳下的權臣馮錫範等認為「臺灣進戰退守，權可自操」，提出「邊所海島悉為我有，資給糧餉，則罷兵息民」等條件，才肯談和。傑書說鄭經「迷而不悟，狂悖無定見」，因而終止了和談。

康熙十七年 (1678) 夏秋之間，閩南沿海情勢不定，先是鄭經戰事勝利，攻得海澄，並向長泰、同安等地進展。後來清方集大軍反攻，鄭經失利，退守海澄，清軍幾番進攻不下，新任閩浙總督姚啓聖決定派人去廈門與鄭經談和。清方要求鄭經讓出海澄，以表示善意。鄭經以海澄為廈門的門戶，戰略地位重要，不能同意。後來又對姚啓聖說：「責人以難行之事，非安民之實心也。」和談乃不能繼續進行。姚啓聖見和議不成，下令嚴屬執行遷界之令，沿海百里之內，幾乎沒有人煙，以困鄭經。

康熙十八年 (1679)，傑書又同意從京中來的蘇鑛去鄭經處遊說，希望鄭經歸順，結果還是頭髮不能薙與海澄不可讓兩項老問題不得解決，雙方的對抗局面也無法化解。

康熙十九年 (1680) 正月，清軍獲得重大軍事勝利，鄭經於三月間盡棄沿海諸島，撤退所有大軍回到臺灣，從此勢力一蹶不振。而忠心輔佐他的陳永華、柯平、楊英等文武大臣又相繼逝世，鄭經更是心灰意懶，潦倒抑鬱，第二年正月便與世長辭了。他死之後，臺灣又發生爭權的政變，監國鄭克𡒉被馮錫範等人縊殺，改立其弟鄭克塽為王位繼承人。鄭克塽當時還未成年，一切大權都操在馮錫範與劉國軒等人之手，一時群奸弄權、悍將恃威，形成文武解體的局面。

康熙皇帝在北京聞訊，認為機不可失，乃令施琅征臺。其間雖有地方重臣向皇帝建議緩師，再派員到臺灣招撫；但皇帝心意已決，康熙批示他們說：「進剿機宜，不可停止。」康熙二十二年 (1683) 六月施琅率大軍先攻澎湖，得勝後迫進臺灣，鄭軍領兵權的將領劉國軒力主投降，鄭克塽年幼無知，只好遵行，派人去澎湖向施琅送上降表。七月十五日，施琅接受了降表。十九日，清軍官員到臺灣曉諭薙髮，速繳冊印。第二天鄭克塽下令軍民全體薙髮，清朝收復臺灣至此已成為事實。自鄭成功起事抗清以來，三十年的薙髮之爭，從此劃下句點，清、鄭在臺海兩岸的和戰關係，也從此不復存在。

㈢兩岸關係時戰時和

綜觀康熙初期的臺海兩岸關係，鄭經在康熙元年 (1662) 初繼延平王大位時和談緩兵是成功的。他在父親新喪、島内人心攜貳的時刻，利用楊來嘉等人與清廷折衝，爭取到了有效的時間，讓他能從廈門渡海到臺灣，擊敗了支持他叔父 (鄭襲) 的武官黃昭等人，達成所謂的「靖難之役」。康熙六年至八年 (1667–1669) 的和談活動，由於雙方軍力都不足以消滅對方，彼此關係可以說處於停滯的對峙狀態，和談的成敗，對大家都無重大得失可言。到了三藩反清時期，鄭經與清方時和時戰，和時強調華夷之辨，正義綱常；戰時則寄望「一戎一旅，亦可轉禍為福」，為明室恢復河山。然而情勢已變，而鄭經及其部下又都恃臺灣波濤之險，多少心存偏安之念。及至康熙十七年 (1678) 姚啟聖厲行海禁，並建修來館誘降鄭

軍，使鄭經處於劣勢，隨後因兵源缺乏，物資困難，致使戰爭失利，退歸臺灣。可見姚啟聖主持與鄭經和戰關係的時間，清朝小失大得，對日後征臺戰事頗有助益。

　　清朝最後雖然戰勝了臺灣鄭氏，但是鄭成功祖孫三代在臺灣二十多年的經營，使臺灣成為當時海外有文教、有秩序的樂土，對臺灣早年開發的貢獻是不能磨滅。尤其明鄭三王維護名教、永奉明朝正朔的孤忠志節，更為中國歷史增添了特立風概的篇章，實足留芳青史。

四、清康熙攻臺前有關「臺灣問題」的爭論

　　順治年間，鄭成功在閩粵沿海舉兵抗清，清朝想剿他不成，撫他不就，頗令清廷困擾。後來鄭成功因北征南京失敗，於順治十八年 (1661) 三月親率將士東渡臺灣，另建復明基地。可惜天不假年，他抵臺後約一年多光景即罹病辭世，而此時清廷也由康熙繼承為新君，鄭清對峙局面有了新的轉變。

　　康熙皇帝因年幼即位，初期由四大輔臣執政。清廷雖曾於康熙二年 (1663) 對廈門、金門二地用兵，並獲得勝利。同時又在第二年攻打銅山，迫使鄭成功的繼承人鄭經退守臺灣，戰事顯得相當順利。但是到康熙四年 (1665) 施琅領清兵遠征澎湖時，卻遇到大風，無功而返，清廷也由此轉變政策，對臺灣由剿而撫，不再興兵了。

　　康熙皇帝親政之後，中央權臣跋扈現象雖已逐步根除；但地方三藩各占一方，臺灣仍奉明正朔，全國形成分裂之勢。康熙皇帝是一位英明君主，一心想集權中央，因此對三藩與

臺事，十分重視。康熙十二年 (1673) 終因撤藩之事引起全國
大動亂，鄭經也乘機在不久之後重回大陸，參與抗清戰爭。
戰禍前後經歷八年，由於清廷應付得宜，終於消滅了三藩，
趕走了鄭經，康熙皇帝達成了這次「守成兼創業」的艱鉅任
務。全國統一大勢已成，只待解決臺灣問題了。

　　早在三藩動亂接近尾聲的時候，康熙皇帝就想到削平臺
灣抗清的力量了。他曾經這樣說過：

> ……滇黔底定，賊寇殄除，獨茲海外鯨鯢，猶梗王化，
> 必須用兵撲滅，掃蕩逆氛，庶海隅安全，民生樂業。

　　儘管這是他日後回憶的談話，但他統一臺灣的心意是溢
於言表。康熙二十年 (1681)，鄭經在臺灣逝世，內部又有慘
烈的鬥爭，消息傳到大陸，乃使清廷決心征臺。然而清朝中
央與地方、皇帝與大臣以及大臣與大臣之間，為征臺事多年
來一直發生不少爭論，產生分歧的意見。幸而康熙皇帝具有
遠見，明快地解決了這些問題，使征臺之役得以順利完成。
現在就將當時的爭論與歧見，分述如下：

㈠施琅的主戰

　　先就征臺的決定作一探討：自從順治八年 (1651) 施琅公
然抗令，鄭成功殺掉施琅父親與弟弟一批人，逼使施琅降清
之後，施琅便一直建議清廷應以全力消滅鄭家勢力。鄭成功
死後，施琅又向清廷陳請征剿鄭經。當康熙三年 (1664) 金廈

銅山新勝之時，他又主張「進攻澎湖，直搗臺灣」，他以為如此可以「四海歸一，邊民無患」。康熙六年 (1667)，清廷特使孔元章赴臺招撫不成，施琅更向皇帝呈上了〈邊患宜靖疏〉與〈盡陳所見疏〉。強調「從來順撫逆剿」，鄭經既不受招撫，為了「民生得寧，邊疆永安」，鄭經必須消滅，而討平臺灣對裁減沿海駐軍與增加國家稅收都有益處，所以征臺之事應從速舉行。他同時又說鄭經「智勇無備，戰爭匪長，其各偽鎮亦皆碌碌之流」，根本不堪一擊，戰爭是勝算在握的。不過當時中央仍是保守輔臣執政，而施琅又被不少人視為「喜功好事」之人，所以中央沒有採納他的主張。不但如此，在不久之後，朝廷竟調施琅入京，給他殊恩曠典，位列內大臣；但將他原任的福建水師提督一職裁撤，而且「盡焚戰船，示無南顧之意」。其後三藩變亂發生，更不可能有征臺之事，施琅也因而在京中一住十多年，等待機會能再出山。康熙十六年 (1677) 左右，福建布政使姚啟聖向康親王傑書保舉施琅「堪任水師提督」。後來因為施琅還有子姪在臺灣，加上施齊、施亥的疑案，姚啟聖乃不敢進一步力保。康熙皇帝對施琅也有些成見，認為他是「粗魯武夫，未嘗學問，度量褊淺，恃功驕縱」，所以一直沒有重用他。康熙十七年 (1678) 皇帝先任命京口將軍王之鼎「福建水師提督」，十八年 (1679) 又降諭調任萬正色為福建水師總兵官。姚啟聖後來升任福建總督，他又上疏保薦施琅，認為施琅縱有「一子在海，尚有六子在京，其京中家口數百，豈肯為一子而捨六子與數百口家眷乎？」同時他又發動福建文武官員「甘具保結」，再上書為施

齊、施亥辯冤，並請求政府對他們「從優卹獎，以闡忠魂」，這一切都是為施琅出任水師提督鋪路的。但是康熙皇帝自有主張，對姚啟聖的報告批了「該督所請遣發原任提督施琅之處，應毋容議」，仍是以萬正色為福建方面的水師統帥。

康熙十九年 (1680)，清軍克復海壇、金門、廈門以及銅山之後，鄭經已不能在沿海立足，因而又退守回到臺灣。由於這樣的新形勢，姚啟聖便上疏乘勝攻臺，而且他願意「親往澎湖、臺灣攻取」。但是水師總兵官萬正色則認為「不可輕議進兵，以滋勞擾」。皇帝知道「萬正色與姚啟聖素不相合」，他們產生不同意見是可以理解的。同時中央也有官員認為「海洋險遠，風濤莫測，長驅制勝，難計萬全」。加上福建地方大亂剛定，百廢待舉，因而皇帝與大學士們最後作出了決定：「閩疆新定，逋逃殘寇姑徐俟其歸命，再若梗化，進剿未晚。」

康熙二十年 (1681) 正月，鄭經病逝臺灣，鄭氏政權內部隨即發生爭權的慘烈鬥爭，一時「文武解體，政出多門」，情況非常危急。姚啟聖接到密報，便與福建水陸各官聯名上疏，要求中央「審機乘便直搗巢穴」，希望皇帝速作征臺決定。康熙皇帝於六月間與大學士等會商，決議對臺灣用兵，他降諭給福建官員們說：

> 鄭錦（即鄭經）既伏冥誅，賊中必乘離擾亂，宜乘機規定澎湖、臺灣。總督姚啟聖、巡撫吳興祚、提督諾邁、萬正色等，其與將軍喇哈達、侍郎吳努春，同心

合志，將綠旗舟師分領前進，務期剿撫並用，底定海
疆，毋誤事機。

姚啓聖等正為皇帝決定征臺高興之際，萬正色突然提出
「沿海設戍，以固疆隅」的看法。他不主張大軍出海，因為
海上波濤洶湧，恐難竟功。萬正色如此畏縮不前，當然不能
勝任水師提督之任，另選新的統兵官勢在必行了。而適在此
時，皇帝的寵臣大學士李光地出面推薦施琅，說施琅與鄭家
是「世仇，其心可保。又熟悉海上情形，其人還有謀略，為
海上所畏」。儘管日後康熙皇帝回憶說：「萬正色前督水師時，
奏臺灣斷不可取，朕見其不能濟事，故將施琅替換，令其勉
力進剿。」事實上，姚啓聖的一再保薦，李光地的最後推舉
以及征臺在即急需指揮官，都是施琅東山再起的原因。施琅
也就在多項機緣下得償夙願，領兵征臺了。

由以上簡略說明可知：施琅幾乎是數十年如一日地主張
征臺，他主剿的原因一方面是想報家仇，另一方面也是圖立
功。姚啓聖也是熱心征臺的疆吏，他因戰功起家，征臺相信
也是為了建立功勳。萬正色一直反對對臺灣用兵，視海上為
畏途是主要原因。其他朝臣也有認為臺灣斷不可取，主要也
是擔心海上風濤莫測、安全堪虞。康熙皇帝基本上是傾向征
剿的，不過他比較理智，一直在審時度勢，尋覓最佳時機。
他對施琅的猜疑與成見是有的，不過他也理智地看施琅，最
後還是寄予專征重任。

㈡朝臣的爭執

再就征臺時產生的爭執與分歧作一觀察：康熙皇帝決定重用施琅後，便命令兵部恢復施琅以前的水師提督官位，並加宮保官銜，前往福建。在施琅南下之前，八月十四日，皇帝還特別給了他一些恩寵，清朝官書中記載說：

> 未時，上復御瀛臺門，賜福建水師提督施琅食。上諭曰：爾至地方，當與文武各官同心協力，以靖海疆。寇氛一日不靖，則民生一日不寧。爾當相機進取，以副朕委任至意。是日，賜施琅鞍馬一匹。

施琅可謂衣錦榮歸地回到閩南故鄉，但是不久之後便與保薦他多年的姚啓聖發生了嚴重衝突。據載，施琅是在康熙二十年十月初六日抵達廈門、開始征臺任務，可是正式征討澎湖卻是在他視事的十九個月之後，即康熙二十二年(1683)六月中，他才在銅山誓師，統水師三萬多人，戰船三百多艘，進攻澎湖。如此長時期的拖延，可以說就是姚、施二人之間衝突所致的結果，皇帝也曾為此事表示過不滿，但終究妥善地處理了。姚、施二人的爭執，表面上看是為了出兵時間與攻臺地點等事而起，事實上卻存在爭功、爭權等的實利問題。姚啓聖據福建與地方官員以及熟悉海上風信人士研究所得的結論，以為在冬季或春季出征比較有利，因為沒有颱風，不致遇到全軍覆沒的不幸。冬季北風雖強勁，但在攻取澎湖之

後，可以長驅直取臺灣，並可以分艦攻擊，又無「阻糧之虞」。施琅則根據經常往來臺海商人們的經驗，夏季南風「風輕浪平，將士無暈眩之患」，有利作戰。姚、施等人在銅山爭論了十多天，雙方堅持己見。但是在體制上總督位高於提督，施琅也只能「不便違抗，姑聽督臣主疏展期」。

當初皇帝決心征臺時，降諭要福建總督、巡撫、提督、將軍各官，「同心合志」，「將綠旗舟師分領前進，務期剿撫並用，底定海疆」。可是施琅剛到廈門，便感到總督、巡撫對他牽制很多，於是就上書皇帝，要求專任征剿之事，他說：

> 督撫均有封疆重寄，今姚啓聖、吳興祚俱決意進兵，臣職領水師，征剿事宜，理當獨任，但二臣詞意懇切，非臣所能禁止，且未奉有督撫同進之旨，相應奏聞。

施琅認為皇帝沒有對他說過「有督撫同進之旨」，也就是他個人應該是「理當獨任」的，他請皇帝明確指示。皇帝對他的奏報回應說：「總督姚啓聖統轄福建全省兵馬，同提督施琅進取澎湖、臺灣。巡撫吳興祚有刑名錢糧諸務，不必進剿。」顯然仍是以姚、施二人合征臺灣，沒有給施琅專征之權。

施琅沒有得到專任大權，心有不甘，但他仍以風信事反對姚啓聖，他對皇帝說：

> 當此冬春之際，颶風時發，我舟驟難過洋。臣見練習水師，又遣間諜，通臣舊時部曲，使為內應，請俟明

年三、四月間進兵，可獲全勝。

皇帝同意了他的建議，不過還沒有到第二年春夏南風季節，施琅又向皇帝上了〈密陳專征疏〉，提到「夏至南風成信，連旬盛發，從銅上開駕，順風坐浪，船得聯艕齊行」，更有利於進兵，也就是希望再往後延展一點出兵時間。不過在這份密件當中，施琅主要是說姚啟聖「生長北方，雖有經緯全才，汪洋巨浪之中，恐非所長」，所以最好讓他「駐廈門，居中節制，別有調遣，臣得專統前進」。說穿了還是希望皇帝給他專征大權。姚啟聖後來知道了此事，甚為不悅，也向皇帝上了奏章，氣憤地說了：「臣雖生長北方，然今出海數日，……亦安然無恙，不嘔不吐，何以知臣出海竟無所長？」甚至還向皇帝表示：「臣寧願戰死於海，而斷不肯回廈門偷生者也。」皇帝見到大軍出發前夕，軍前統帥竟發生如此衝突，當然十分關切，但他仍堅持總督與提督二人同時出征，以前的命令絲毫沒有任何改變。

由於中央議政王大臣會議認為「師期不便屢遷」，皇帝也下令要姚、施等人「如有可破可剿之機，著協謀合慮，酌行剿撫，毋失機會」。皇帝雖沒有確定時間，但確實給了姚、施二人很大的壓力。然而這一年夏至前後，海上「以風大不得前」，出兵時間只好再向後展延了。

(三)康熙的決心

由於姚、施二人爭權的結果，引起不少地方與中央的官

員對征臺之事再提出質疑。康熙二十一年 (1682) 五月間，福建陸路提督萬正色等就向皇帝說出反戰的主張，他認為征臺灣有「三不可行」：一曰：十年生聚、十年教養；況於數十年之積寇乎？二曰：汪洋萬頃之隔，波濤不測之險；三曰：彼船隻堅牢，水務精熟，認為戰爭未必能勝利。同月中，中央的言官給事中孫蕙，也條奏進取臺灣的軍事宜緩。七月間又因出現彗星的緣故，戶部尚書梁清標上奏認為「今天下太平，凡事不宜開端」，言下征臺之事似可不必。左都御史徐元文則公然奏請暫停臺灣進剿。朝廷上下可以說意見不一，爭議紛紛。皇帝未作決定，只說「俟十月後再行定奪」。

　　正在此時，施琅又向皇帝上了〈請嚴旨決計進攻臺灣事〉一疏，他很感性地說：

> 伏思臣累受國恩，奉召進京，即寵擢內大臣之列，豢養十餘載。今復謬荷起用，寸功未效，又叨更晉宮銜，特賜御膳金榻，亙古臣子，未有受君恩如是也。即赴湯蹈火，臣志所不辭。倘荷皇上信臣愚忠，獨任臣以討賊，令督、撫二臣催趲糧餉接應，俾臣整搠官兵，時常在海操演，勿限時日，風利可行，臣即督發進取，出其不意，攻其無備，何難一鼓而下。事若不效，治臣之罪。……

　　皇帝對施琅一再「題請獨自進取臺灣，不令總督進去」，相當不滿，認為他們在福建「糜費錢糧甚多」，而「延遲日

月，踟躕不前」，實屬不該。對施琅的請求專征，認為是「妄奏」，結果命令將施琅「此本暫留，且看總督如何具奏」。可是總督姚啓聖給皇帝印象就更差了。第一，康熙發現萬正色的反戰主撫疏是有姚啓聖參與，姚的立場顯然是時剿時撫。第二，康熙皇帝的寵幸大臣李光地竟有一說：「壬戌、癸亥（按指康熙二十一、二兩年）平海事，本是渠（按指姚啓聖）發端，施琅本與相好，又是渠所薦過者，至用兵時，上本令渠二人同事，及施為將，渠生嫉妒，百般阻撓，施遂上疏，欲自專其事，上竟從之，兩人大相惡，姚遂用三千金買孫蕙上本，說兵不可輕動，恐船入大洋損兵辱國。」皇帝若信此事，姚啓聖當然就再難獲得皇帝的專寵了。果然在兩個月之後，當大學士們再將施琅提請的專征案提出時，皇帝的態度有了變化，《康熙起居注》裡記下當時的情形：

> （康熙二十一年十月）初六日己卯，辰時，上御乾清門，聽部院各衙門官員面奏政事畢，部院官員出。大學士、學士隨捧折本面奏請旨：為議政王、大臣會議准提督施琅請自行進勦臺灣事。上曰：爾等之意何如？大學士明珠奏曰：若以一人領兵進勦，可得行其志，兩人同往，則未免彼此掣肘，不便于行事。照議政王所請，不必令姚啓聖同往，著施琅一人進兵，似乎可行？上曰：然。

大學士明珠是當時朝廷中兩大黨派的首領之一，三藩變

亂時因主張撤藩而得到皇帝的專寵。李光地是明珠的黨羽，又是施琅的福建同鄉，這其中是否有這層原因，雖不能確言，但施琅的確是因為李光地、明珠先後有力支持而得到專征之任，則是事實，同月二十八日施琅接到正式諭旨，奉命擔任專征之責。

同時值得注意的是，在上引《康熙起居注》的同一天記載中，還寫著：

> 上又曰：聞海寇較前衰微已甚。明珠奏曰：據姚啓聖奏稱：海寇願剃髮歸誠，照朝鮮、安南入貢。揆此，可見鄭錦已死，賊無渠魁，勢必衰微。上曰：海寇固無能為，……乘此撲滅甚易！進勦機宜不可停止。施琅相機自行進勦，極為合宜。

可見鄭克塽願意「剃髮歸誠」已經不可能了，皇帝是定要撲滅之而後已，「進勦機宜不可停止」，康熙帝的決心由此可知。

施琅接獲專征任命後，欣喜非常，五天後的十一月初三日，他就統舟師北上興化平海衛澳，不顧北風，準備出師建功了，並且得意地說：「順風坐浪，直抵澎湖，占據上風上流，為制勝之要著。」這與早期姚啓聖的說法相同，可見施琅的南風有利之說只是藉口，他是以風信作延期的原因，而爭取專征權，用心相當明顯。不過這年冬季風信變化無常，後來又常颳東風及東南風，因此施琅一直沒有出兵攻臺。一

直到第二年，康熙二十二年 (1683) 六月十四日，施琅才在銅山誓師，十五日順風揚帆，直駛澎湖，經過激烈海戰，打敗了劉國軒，不久後，臺灣的鄭克塽接受招撫，上表降清，征臺之役，於是告終。

㈣主角人物的分析

在整個征臺事件中，清朝中央與地方一直存在著一些爭論與分歧，而這其中的三位主角，應該將他們的行事作一分析，作為本文的結尾。

施琅是備受爭議的一位，也是引起很多爭論與分歧的主要人物。他一心要征臺，但極力排斥他人參與。他要一己來建立奇功，達成征臺任務，即使是一直提拔力保他的長官姚啟聖，也不能讓他分得一杯羹。當征臺之日，他還不斷地在皇帝前面說姚啟聖的壞話，告發姚啟聖誤了秋餉四十多天等等，甚至到澎湖海戰勝利後，他又派專人進京，向皇帝說姚啟聖對臺灣招撫有失國體，「貽笑於逆眾」。這些事可能都是康熙帝在敘平臺功勞時，獨獨沒有給姚啟聖加官晉爵的原因，反而責斥姚啟聖行事虛妄，妄奏誇張。有人認為平臺不久後姚啟聖就死去了，是與氣恨致病有關，看來也似乎有些道理。施琅做人可能有問題，當時人評他「行事頗覺好勝」、「度量褊淺」應該是可信的。施琅自視也很高，不但批評姚啟聖在海上作戰「恐非所長」，同時他更自誇征臺之事，非他莫屬，他竟向皇帝說：「今不使臣乘機撲滅（臺灣），再加數年，將老無能為，後恐更無擔當之臣，敢肩渡海滅賊之任。」顯然

他認為除他之外，是無人可以擔任此一任務。當時人說他是「驕狂」、「驕縱」之人，應該不假。不過皇帝知道他與鄭家有不共戴天之仇，而他對康熙又是忠誠不貳，「赴湯蹈火，志所不辭」。施琅也確有武略，「深知水性賊情」，因而還是重用了他，忍受了他性情上的一些缺點。

　　姚啓聖在年輕時就是一位「任俠自喜」的人，多年來一直為清廷立功，這也是他能由小吏被特擢成福建總督的原因。康熙皇帝知道他以「剿滅臺灣」為「素志」，所以一直主張讓他與施琅一同領兵征臺。不過後來他有些轉剿為撫的傾向，又發生他用「三千金買孫蕙上本」的傳聞，這才使皇帝改命施琅負責專征，仍命姚啓聖負責糧餉和招撫的工作，使總督與提督有了明確的分工。不僅如此，皇帝又命令將姚啓聖所題定的武弁功罪條例，交給施琅遵行，並照姚啓聖的建議將「進取臺灣各官准加一級」。又在敘海壇金廈戰功時，特授他拜他喇布勒哈番，即「騎都尉」世襲官，也算是給了他一些殊恩。姚啓聖雖在與施琅的競爭中失利，但他也能顧全大局，與施琅捐棄前嫌，後來在捐膳兵與陸師駕船以及供應糧餉方面，都能盡力配合，做了不少工作，為戰爭勝利作出了貢獻。只是後來皇帝聽了施琅的一些密告，對姚啓聖產生了很多的誤解，加上祖護施琅的權臣明珠、王熙等人，又望風承旨地火上加油，說姚啓聖「並無功績」。一時讓皇帝心生壞印象，決定不給姚啓聖論功行賞，這件事實在是不公平的。

　　康熙皇帝在征臺事件中，一直具有堅定的決心與信心，而且不妥協地以消滅鄭氏為目的。他重用有決心征臺的人，

而且任用不疑，並給予全權。即使在姚、施發生衝突的時候，他也不干預風信、軍期以及攻擊地點等問題，他總是尊重前線統帥們的意見。後來他雖不讓姚啓聖出海征臺，並對他一度印象很壞，認為姚啓聖的功勞都是「虛冒」，不予獎賞，給他難看，實在是件憾事。不過，康熙皇帝在不久之後就恢復了理性，改變了對他的觀感。甚至在姚啓聖死後，戶部說姚在修繕船舶與軍械方面浮冒帑金四萬多兩，要姚家繳回。皇帝則說姚啓聖生前有功於國，這筆錢准免追賠，也算是對他的一種歉意補償了。施琅在平臺之後，皇帝賜他御用衣物，封他靖海侯，讓他位極人臣。事後又答應施琅的一切請求，包括不棄臺灣土地，特授劉國軒天津衛總兵等等，都有助於造就施琅的歷史地位，這也是康熙皇帝難能可貴之處。總之，康熙皇帝在征臺事件中表現傑出，他在姚、施二人相爭時作了適當的處理，使工作得以順利進行。在他們功成之後，也給予了適當的獎賞，給人有仁厚的感受。的確，他的思想是引導征臺成功的動力與保證，他的行事則直接影響征臺之後的勝利。

五、康熙攻臺勝利的原因

康熙皇帝派兵攻打臺灣，取得勝利的原因可能很多，但是以下幾點事實很值得我們作一番觀察與分析：

(一)清廷的急迫感

康熙皇帝即位時年方八歲，由四大輔政代理國政，其中

鰲拜尤其獨斷橫行，飛揚跋扈，使得年幼的皇帝深感大權旁落之苦。親政後逐漸剷除了權臣的勢力，但又面臨了各擁重兵、恣意妄為並形成割據的三藩軍閥。經過八年的苦戰，三藩亂事平定，剩下的便是在臺灣反清的海疆問題。康熙為了有一個中央集權的政府，為了做一個「國惟一主」的帝王，臺灣問題是不能不解決的。

除了所謂「海外一隅，尚梗王化」的國家統一問題外，臺灣鄭氏帶給清廷相當多的困擾。就以財經方面來說，為了對付臺灣鄭氏，清朝必得在福建等地駐守大軍，據當時官員的報告，每年軍餉等費至少需銀二百三十多萬兩。此外軍器、彈藥、船隻等等還要一大筆開銷，因此「軍餉浩繁，國用匱絀」是當時清廷的大問題。同時福建一帶為了斷絕鄭氏的補給，又厲行堅壁清野的遷海政策，沿海數百里內，絕無人煙，百姓既拋產棄業，流離失所，當然也無法更無能力向政府納稅了，清政府又遭逢到「賦稅缺減」的問題。

更嚴重的是連年戰爭使得閩海一帶民不聊生，社會動盪不安，所謂「此嗷嗷待斃之民，即逞逞思亂之眾」，沿海很多人民鋌而走險，成了清朝地方上的另一亂源。由於上述的這些問題，清朝主政者當然要盡速解決臺灣問題，而且必須成功地解決。

另外從大環境方面看，自十七世紀中葉，中國發生明清易代的大變局之後，遍地烽火，造成無數家破人亡。而各方領袖為取得政權，或為政治理想，互爭雄長，清廷與鄭氏之爭，就是其中之一。鄭氏最初在大陸沿海以反清復明為號召，

形成極大勢力，其後局勢逆轉，東渡臺灣。儘管繼續抗清，但整體情勢一日不如一日，政治理想日趨式微，財經、軍事力量也日漸減弱，加上登陸戰爭失利，內部矛盾叢生，生存便成問題了。反觀清朝，皇權不但逐漸伸張，經濟力量也大為恢復，全國統一的形勢已成，臺灣內附清廷，可以說是歷史大潮流所致的結果。

(二)總體實力的比較

　　若以清、鄭雙方的總體實力來說，清朝的勝利也是必然。根據現有資料，我們可以得知當時臺灣經過幾次招徠，人口約有二十萬人上下。開墾的土地，據早年地方志書所載僅有一萬八千多甲，折合市畝，田園總面積約二十一萬市畝之數。至於兵員人數，據施琅的報告與《臺灣外紀》等書記述，屯兵、侍衛、勇衛等總數到康熙攻臺前夕，最多也只有四萬人。

　　在大陸的清朝，國力遠遠超過臺灣的鄭氏。就土地面積來說，清廷統治下的土地約有一千多萬平方公里，而臺灣只相當於它的四百分之一。康熙中期的大陸人口，據不完全的史料統計，至少有兩千多萬人以上，臺灣也僅及百分之一。康熙二十四年 (1685) 的全國耕地面積約六億多市畝，而鄭克塽降清時的臺灣可耕地約為二十多萬畝，兩者也相差很大。臺灣的兵員如前所述在四萬之譜，而清朝當時軍隊，據《清會典》的說法，應為五十九萬多人。至於兩岸政府的財政收入，則更有天壤之別了。臺灣歲入是八萬八千多兩，而清朝以康熙二十一年 (1682) 的檔冊紀錄看，歲收地丁銀二千六百

三十四萬多兩，另有鹽課、關稅等等三千七百多萬兩，鄭、清的差距相當可觀。同時清代康熙年間因為尚未推行「攤丁入畝」制度，各方隱地不報官府的仍然很多，丁銀又使得不少丁男為逃稅而不申報，所以大陸當時的人口與耕地數字都不正確，絕對偏低。總之，清朝無論是人口、耕地，或者是財力、兵力，都要比臺灣高出很多，在對峙的最後角力時，清方能勝利地征服臺灣，是可以預期的。

(三)戰略運用

兩軍對壘，除總體實力是決定成敗的因素外，戰略、戰策的運用也是很重要。清、鄭對抗的三十多年之中，雙方都曾以自身優劣形勢，制定或戰或和的政策；但在彼此的和戰關係中，大體說來，清廷是小失大得，而鄭氏則得不償失。特別是清方使用招降、間諜策略的成功，對鄭軍實力的瓦解與軍民信心喪失都起了很大作用。

早在鄭成功時代，清廷即以高官厚爵來誘降鄭成功及其部將，鄭成功因係異人，不受誘惑；可是施琅、黃梧等輩則都先後叛逃歸清了，並且還在日後的清廷消滅鄭氏戰事中，作出很多、很大的貢獻。到鄭經時代，尤其是姚啓聖出任福建總督的時候，招降統戰的效果就更顯著了。姚在康熙十七年到二十二年 (1678–1683) 之間，六年如一日用文宣工作招降鄭軍。從現存數十種文告中，我們可以看出件件都是政治喊話與破壞心防的利器，有的是告知投降安置措施與獎賞的辦法，有的則是恐嚇鄭軍免得「為他人守株，自喪性命」的。

姚啟聖的招撫文告不是騙局，他每次都能兌現文宣上的諾言，因此鄭軍從思想上開始動搖了。他又於康熙十八年 (1679) 建立「修來館」，這是專門負責收納鄭軍的單位，館裡負責人不但熱心歡迎來降的鄭軍，並且使投降的人「以華轂鮮衣炫於漳泉之郊，供帳恣其所求」，讓降軍有光彩、有體面，又得到實惠。結果「不終歲，其五鎮大將廖琠、黃靖、賴祖、金福、廖興以所部降」。據保守的說法，康熙十八年 (1679) 至少有五萬多人向修來館報到，一說降清的人數高達十七萬之眾。無論如何，在康熙十九年 (1680) 初，鄭經撤離大陸回臺灣時，隨行渡海的只有一千多人，淒慘情況正足以說明修來館的工作成績，也透現了清軍招降政策的成功。

施琅征臺之役的前後，姚啟聖又派遣間諜到鄭軍中從事破壞活動，例如聯絡施琅之子施世澤與其族兄施明良作內應。通過舊關係加緊與鄭軍賓客司傅為霖等人搭線，希望他能裡應外合。施琅自己也派遣了心腹三、四人去臺灣、澎湖遊說親朋故友，要他們謀叛立功。姚啟聖相信當時臺灣「上下離心，間諜易入」，會收到好效果。事實上，連劉國軒、馮錫範這批最後在鄭氏政權中執掌軍政大權的頭號人物，在澎湖失守後，都變成了「識時務者」，主導鄭克塽降清了。清朝中央與地方的招撫、間諜、統戰工作，顯然對康熙征臺的勝利有所助益。

㈣外力因素

在清、鄭三十多年的對抗期間，雙方由於需要，都聯絡

過外國，借用過外力，這也增添了雙方關係的複雜性。鄭成功父子曾得日本與英國相助，有時供應武器，有時傳授戰術，更有英國軍事人員參加鄭軍與清方作戰的；英、日兩國則從臺灣鄭氏取得通商貿易之利。由於鄭氏勢力弱小，憑藉不多，常常遷就英、日諸國，讓他們在商業上獲利較多，甚至在主權上也占些便宜。

　　清朝則主要與荷蘭聯絡，利用荷蘭的軍力合攻鄭軍。在鄭成功趕走臺灣的荷軍之後，荷蘭因為喪失了臺灣基地，損失了大筆的經貿財富，非常氣惱，一心想聯合清軍力量打擊鄭氏，重得臺灣，所以在康熙初年他們是有著經貿與領土雙重野心的。所幸康熙皇帝與一些明理的大臣知道荷蘭「無時不在涎貪」臺灣，並堅信「外國人不可信」，對荷蘭的政策是採取不太熱中的態度，而且隨時作調整與改變。例如康熙皇帝可以將「貢期」從八年改為二年；沒有使臣以及表文的情形下，皇帝也能破例給荷蘭恩賞。但是對於荷方提出土地與行政權取得的一些要求，則一概予以拒絕，迫使荷蘭後來與清廷的交涉，只能環繞在自由貿易與建立永久性商棧以及免稅等問題上。可見清廷對荷蘭的外交政策十分重視勢利性與實用性，認為荷蘭有利用價值時即大力拉攏，無利用價值時則與其疏遠。正如日、英兩國對鄭氏的作法一樣，當鄭成功北征失敗後向日本尋求幫助時，日本即以「前出兵損失」為藉口，不允再借兵了，這也逼使鄭成功退出大陸，東渡臺灣。鄭經時代的英國也一樣，在鄭經大軍登陸遭到失敗之後，他們便很現實淡化脫身，遠離清、鄭之間的糾紛，也大大影響

鄭軍的士氣與實力。由此可見，在利用外國力量打擊對方敵
人這一點上，清朝比鄭氏高明，也有助於戰爭最後的勝利。

(五)統治者的能力與決心

　　一切歷史活動都是由人策劃出來的，由人參與工作的，
因此歷史上的一切成敗事業都脫離不了人的因素。從清初帝
王與鄭氏祖孫的對抗鬥爭中，確實也能說明這一事實。

　　先從清朝方面看，入關後的第一位皇帝順治帝，一般人
都受到他與董小宛戀愛，以及他出家逃禪等等不可信謠傳影
響，認為他是個風流天子，一生無所作為。其實他在親政以
後約十年的帝王生涯中，勤於政事，察吏安民，懲貪除霸，
顧惜民生，為康雍乾盛世奠下了始基。他與鄭成功的對抗初
期，因中國西南反清戰事緊急，於是改剿為撫，不惜以崇高
爵位與四府土地贈賜鄭成功，作為招降的條件，而且一再勸
說、等待，希望能軟化鄭成功忠明的堅貞誠心。事雖不成，
但清廷卻利用了與鄭氏議和的寧靜，而沒有開闢東南沿海的
大戰場，使清軍專力對付桂王勢力，扭轉了失利的危機，消
滅了南明最後的桂王政權。另外當鄭成功北伐南京之時，北
京城裡的貴冑高官不少人信心動搖，「欲作逃回滿洲之思想」。
順治帝起初也感到緊張，後來他改變了態度，宣稱要御駕親
征，這對當時民心士氣有著極大的鼓舞作用。儘管他並沒有
領兵南下，但朝中文武大臣再不敢作妥協之想了。鄭成功後
來兵敗退出長江，據報有鄭軍代表來到京城談和，順治嚴加
拒絕，並下令除非鄭成功薙髮加綁來降，否則任何地方官員

都不准向中央報告，可見他的決心與鄭成功的忠明是一樣堅定不移。

繼承順治帝為君的是康熙皇帝，他是歷史家公認的傑出帝王。他在年輕時就在剷除權臣勢力與消滅三藩軍閥的行動中，表現出他的智慧與勇氣。在位期間，對發展經濟、振興文教、開擴疆土、融合民族各方面都作出了很多的貢獻。對於與臺灣鄭氏的和戰問題上，他是依形勢的需要而決定剿撫。在利用荷蘭軍力打擊鄭氏時，他也是在實際與利害上作考量，對自己有利時則與荷蘭合作；當荷蘭提出欲得臺灣行政權，甚至想重占臺灣土地時，他則嚴加拒斥了。他在三藩動亂期間，絕不作征臺的妄想；但是到鄭經死後，臺灣發生兄弟殘殺、奸臣弄權、財政枯竭之時，他覺得鄭氏「猶梗王化，必須用兵撲滅」了。儘管當時仍有大臣「請緩師」，甚至有人提出「海可平者百無一焉」，認為征臺毫無把握，他卻獨排眾議，主張出兵。尤其他對施琅的重用，更是表現了用人不疑的作風。不論有人說施琅「去必叛」，或是對施琅「頗疑有貳」，但是康熙帝堅定說：施琅不去，「臺灣斷不能定」，對施琅充滿了信心，正像他常說的：「好疑惑人非好事。」這種善於用人的作為，正是武力保臺勝利的另一項保證。

反觀鄭氏祖孫三代，鄭成功確是有理想、有作為的忠義之士，從他以「罪臣」起兵，一直義無反顧地忠於明朝，忠於不薙髮的傳統中國文化。即使在兵敗東渡臺灣以後，他仍在東寧設永曆帝的御座、龍亭，奉南明正朔，甚至到他死前一刻，仍愧疚地嘆息說：「吾何面目見先帝於地下乎？」他確

是一位有原則、有遠見、有大理想的政治家。他曾毀家紓難，大義滅親，無怨無悔地為反清復明事業犧牲。他又能在自己不圖享受的生活中，常想到照顧部屬與各族人民的福祉。總之，他是在明清之際大動亂時代中造就出來的傑出英雄人物。無疑地，他是有著極崇高的歷史地位，比之順治、康熙二帝，絕不遜色。

鄭成功的兒子鄭經在繼承延平王位後，雖在陳永華等人輔佐下對開發臺灣作出不少貢獻，例如將行政區的規模擴大，官制的完備調整並在拓地開墾、貿易海外以及弘揚中華文化等方面也都有些政績。不過他的果敢嚴毅遠不及他的父親，而其生活言行則更比他父親放逸很多。年輕時即耽於聲色，與諸弟乳母私通，使他父親痛心萬分，臨終時還以此為「不能治家」的憾事。他的繼位與死後王位之爭，引起鄭氏骨肉相殘，都是他造成的，應負最大的責任。鄭經與康熙使臣談和時，說出「今日東寧，版圖之外另闢乾坤」以及「臺灣遠在海外，非屬版圖之中」等一類的話，也招來後人對他「墜先人遺志」的物議。尤其是他錯估情勢，興師西征，耗費巨資，影響島內財政，因而加速明鄭的敗亡，更是他才智與能力平庸的實證。

鄭經自大陸敗歸臺灣之後，縱情酒色，令世子鄭克𡒲監國。鄭經死後，權臣馮錫範、劉國軒等發動政變，殺害鄭克𡒲，另立鄭克塽為王，當時鄭克塽年僅十二歲，一切大權均由馮錫範等操縱。當清軍攻臺時，馮錫範「順天」降清，明鄭也走進了歷史。

　　鄭氏祖孫除鄭成功一人是歷史上少見的偉大人物之外，其餘的真可謂「一蟹不如一蟹」。比起對岸的清朝，實在是強弱分明，彼此對抗的最後勝負也不難看出了。

　　以上只是一些不完全的敘述，相信已能為康熙攻臺的勝利原因講出一點端倪來了。

第  章

康熙三次親征噶爾丹評析

明朝建立之後，蒙古的勢力並未完全消滅，只是被趕出中原而已，因此明初有大舉征討蒙古之事，尤其在成祖永樂年間。大體說來，當時蒙古分裂為三大部分，即漠北的喀爾喀蒙古，又稱外蒙；漠南則為內蒙；漠西是瓦剌蒙古。瓦剌在中文史料裡又被記為衛拉特、外剌、斡亦剌，清人稱他們叫厄魯特 。 這些同音異譯的漢名詞 ， 實際上都是從蒙古字 Oyirad 而來，原意是「樹林裡的百姓」。

瓦剌在明代頗有名氣，因為他們與明朝作戰時曾經俘獲了明英宗，又幾乎攻下明朝首都；不過，這一族後來與蒙古另一支韃靼不和，雙方混戰了很多年，元氣大傷。因此到明末清初之時，瓦剌部眾逐漸形成四大部分，即和碩特部、杜爾伯特部、土爾扈特部以及準噶爾部。他們的勢力活動範圍，包括了新疆、青海、西藏以及中亞的若干地區，而準噶爾部則是以伊犂為勢力中心。

一、噶爾丹的崛起

在四部當中，準噶爾部是最強的一部。明朝末年，該部在首領和多和沁領導下，得到五世達賴喇嘛的支持，達賴喇嘛並賜以額爾德尼·巴圖爾·渾台吉的稱號，聲勢因而大盛。渾台吉不但藉著黃教的勢力改善了與厄魯特各部間的關係，同時他又與喀爾喀蒙古達成和議，解決了若干爭端。尤其在1640年（明崇禎十三年，清崇德五年）雙方會盟同意彼此間內政、外交、軍事、畜牧、領主權、封建制等等事務，都照協議的辦法施行，幾乎化解了兩大部族的衝突。這對準噶爾來說，無疑地也消除了他們向北與向西南發展的後顧之憂，當然也阻止了帝俄的南下擴張行動。

渾台吉使準噶爾部日趨強大之時，正是滿洲統一內蒙並帶兵征明入關的前夕，渾台吉見明朝覆亡在即，便遣使到清朝的盛京瀋陽與清太宗聯絡，從而建立了親善友好的關係。清兵入關以後，厄魯特蒙古使節到北京來的仍然很多，從順治初年到十七年 (1644–1660)，厄魯特貢使來華前後約有七十一次之多。順治三年 (1646) 蒙古領主二十二人來京奉表朝貢，其中就有渾台吉在內。

順治十年 (1653)，渾台吉病逝，其子僧格繼位，對清朝仍舊朝貢，不過在他們準噶爾部中，卻發生兄弟不和進而互相殘殺的事件。康熙九年 (1670) 僧格被其兄弟車臣殺死，僧格的同母弟噶爾丹這時正在西藏學佛，是五世達賴喇嘛的心愛弟子之一，聞訊後，達賴喇嘛為繼續控制準部，乃令噶爾

丹還俗返鄉，並支持他爭得大位。

　　噶爾丹回伊犁後即以為兄報仇為名，展開奪權的鬥爭。不久他在阿爾泰山一役戰勝了反對派，並斬殺了車臣，自立為汗。噶爾丹野心極大，他想恢復成吉思汗的光榮，因此他連恩人岳祖父和碩特部鄂齊爾圖汗也列為不赦之人；他父親結盟的喀爾喀部，他也不時地施以攻擊；在清朝忙於三藩之亂戰爭時，他更聯合西藏上層領袖夾攻處於青、藏一帶的和碩特部；又每年派兵征伐南疆的維吾爾族，強令供賦。清朝的西北邊區與友好民族，被他鬧得歲無寧日。康熙十八年 (1679)，五世達賴喇嘛又助長他的威勢，賜他汗號，噶爾丹乃有征南疆、東進清朝的打算。清朝駐守在西北邊疆的將領，見外蒙各部殘兵敗卒不斷「自西套來奔」，都紛紛上奏呈報。

　　帝俄侵華行動在明末清初是相當積極，準噶爾部在渾台吉主政時代 (1635–1653)，俄方曾遣使十六次來聯絡；僧格繼任的短時間中，也有俄使五人來準噶爾洽談。然而無論誘降或是利誘，都遭到拒絕。噶爾丹繼位初期，仍採抵抗路線，其後因清朝限制準部入貢來京人數，以及喀爾喀諸部在清廷主持下達成了團結大會盟。噶爾丹乃接近帝俄，而俄國也佯裝有與準噶爾部建立大同盟的意願，雙方關係才日見親密。

　　康熙二十七年 (1688)，噶爾丹在五世達賴喇嘛支持下，在帝俄的合作指使下，他竟越過杭愛山脈，突襲了喀爾喀蒙古土謝圖汗，並掠奪了活佛哲布尊丹巴胡圖克圖帳幕財產，又阻塞了清朝使臣去外蒙與俄使談判雅克薩戰爭善後問題的去路。這些軍事行動，不但造成喀爾喀部「死者相枕」、財產

盡失的大災難；同時也使處於與清廷談判劣勢的帝俄，有了更多的籌碼與空間。而噶爾丹仍得寸進尺的在第二年出兵進窺漠南，甚至和清朝駐蒙古的士兵也接仗了，這些都是令康熙皇帝惱怒的事。

二、烏蘭布通之役——誘敵深入

不過，康熙帝最初仍想以和平方式解決蒙古部族間的紛爭，後來發現噶爾丹有向中國本土入侵的野心，而準噶爾部中又有內訌事件發生，所以康熙帝才決定對噶爾丹用兵。原來在噶爾丹打敗喀爾喀部聲勢極盛的時候，他的姪子策妄阿喇布坦（僧格之子）因殺弟、奪妻種種仇恨而起來反抗噶爾丹了，他率領了五千多人離開了伊犁，自立門戶，一時也獲得不少蒙古台吉（王公貴族）包括杜爾伯特部首長的支持。噶爾丹在盛怒下派兩千兵征剿，不料被策妄阿喇布坦打敗，而且幾乎是全軍覆沒。噶爾丹或逃或死的一共損失了七千多人，相當於四分之一的戰鬥主力後，軍勢大受影響，而不少附屬或被征服的蒙古其他族人，也想乘機歸附清朝，因此噶爾丹的兵源日漸減少。

清廷派往外蒙的官員也奏報皇帝說：「噶爾丹敗於策妄阿喇布坦，下人散亡略盡，又極飢窘，至以人肉為食。」更有刺探外蒙軍情的人報告噶爾丹兵已進入內蒙，到處搶劫。康熙帝乃認為：「噶爾丹迫於內亂，食盡無歸，內向行劫」。「內向行劫」就會影響到清朝的邊疆安全，康熙帝非得採取非常手段不可了。

康熙二十九年 (1690) 夏天，皇帝決心對噶爾丹再進行一次大規模的殲滅戰爭。由於在三藩之役與對俄的雅克薩大戰中吸取了不少戰事經驗，因而康熙帝在這一次也事先作了周詳的部署，從這一年的四月到六月間，他下令動員了滿蒙漢各軍，駐內蒙、或屯歸化城、或紮營寧夏，及其他險要之地，以監視噶爾丹軍隊的行動，並防止其竄回漠北以及切斷其歸路。七月初正式任命兄長裕親王福全與幼弟恭親王常寧為大將軍，分別率大軍出古北口及喜峰口，迎堵噶爾丹南下的大軍，雙方在戰略要地烏蘭布通一帶對峙。七月十四日，皇帝自京城出發親征，希望一舉消滅噶爾丹。然而事與願違，行軍不到十日，皇帝突然病倒，他個人乃停止北上，不過他仍勉力對作戰策略、補給問題，以及火炮、鳥槍等的裝備做了詳盡指示。

烏蘭布通之役基本上噶爾丹是無勝算可能，因為以兵力言，福全等兩位大將軍麾下就有約十萬人眾，噶爾丹只有約兩萬多人。以武器言，清朝軍方備火炮、鳥槍兵約五千多人，駝馬眾多，占盡優勢。以策略言，噶爾丹是幾乎被騙來到烏蘭布通的，清廷約他來與喀爾喀部首領們商議和談。他自己除輕敵外，又想到烏蘭布通一帶多清朝牧場，幻想藉一戰可取得大量牛羊回外蒙，結果他掉進了陷阱。

噶爾丹將數萬大軍列陣於山崗，依林阻水，又將駱駝捆倒地上，駝背上放置木箱，箱上蓋了濕氈，環列軍外，構成「駝城」，命將士躲在箱縫後面開槍放箭，來與清兵作戰。八月初一日，清軍先發動萬人，分兩翼依次進攻，一個下午「炮

火齊發……聲震天地，駝斃於火，頹且仆，陣斷為二，賊驚潰不支，遂破賊壘，大敗之」。噶爾丹在夜幕低垂後，翻過大磧山，逃到科布多。狡猾的噶爾丹一邊逃亡，一邊派出一位喇嘛向福全大將軍乞降，說要「講禮修好」。福全誤信他的謊言，下令要原先負責切斷噶爾丹歸路的各軍「勿與之戰」。據說噶爾丹還在清朝「內大臣吳丹前跪禮威靈佛像，誓不再侵中華皇帝之喀爾喀與眾生靈」，因而他才能率殘部安全逃脫。

三、昭莫多之役──合圍夾擊

噶爾丹慘敗後，並沒有真的與清廷「講禮修好」。相反地，他一方面在科布多水草豐美之地養精蓄銳，生聚教訓；另一方面則不斷煽惑內外蒙古諸部聯合起來叛離清廷，並聲言青海台吉、新疆回子以及俄羅斯人都會與他一同攻打清朝。康熙帝從各方打聽消息，知道噶爾丹「力強志大，必將窺伺中原」，而且確信這樣的敵人「一日不除，則疆圉一日不靖」。因而從康熙三十一年 (1692) 起進行各項計畫，如在京中成立火器營，命令各牧場加緊飼養戰馬，籌備各項補給物資並調兵遣將，準備再一次親征。

康熙三十四年 (1695) 八月，內蒙科爾沁遵照康熙帝的旨意，佯裝為內應，願以十旗兵力歸附，歡迎噶爾丹帶兵南下。事實上，康熙帝早已布置好了三路大軍，包抄作戰，即由薩布素率黑龍江兵出東路，費揚古大將軍領陝甘兵出西路，皇帝則親率一軍出中路，三路合圍，互相呼應，希望一舉消滅噶爾丹的勢力。

　　噶爾丹既受騙南下，皇帝遂於康熙三十五年 (1696) 二月間率中路大軍出發，此次清朝總共動員兵力約十四萬人，火炮、火箭、子母炮、運糧車等為數甚多，戰力實非噶爾丹可比。同年四月底，前線探得噶爾丹擁兵兩萬，「又借俄羅斯兵六萬」。隨行大臣中有勸皇帝回鑾的，皇帝估計俄羅斯在清廷的外交運用下，參戰的可能性不大，因而對大臣說：「搗其巢穴」「方為萬年之計」，並且大怒命令：「不奮勇前進，逡巡退後，朕必誅之。」由於皇帝的決心，大軍毅然奮進，終於在五月初到達了克魯倫河。噶爾丹見清軍到來，原想渡河偷襲清軍，但後來見清軍雄壯威嚴，規模浩大，便改變初衷，連夜逃遁，遺棄器械、甲冑、帳房及老病族眾極多，向西逃竄。

　　噶爾丹狂奔五晝夜後，逃到特勒克濟地方。而清朝西路軍在費揚古的指揮下已提前抵達了昭莫多，與噶爾丹的殘部相遇，於是一場著名而有決定性的昭莫多之役便展開了。

　　昭莫多在土拉河上游東岸，又叫東庫倫，約在現烏蘭巴托以南之處。北為肯特山，南有土納嶺，西有高山，林木蒼莽，形勢險要，是著名的古戰場，明成祖曾在此擊敗過阿魯台。此次費揚古與噶爾丹的遭遇戰是五月十三日發生的，大約從下午打到薄暮，由於費揚古、孫思克與殷化行等將領指揮調度有方，加上武器優良，噶爾丹在清軍尖箭如雨、子母炮並發的不利情形下潰敗了，準部人馬「墜下山谷者滿坑谷，棄杖如麻」。噶爾丹的妻子也中鳥槍死，其餘首領也多非死即傷，噶爾丹雖僅以身免，但被清軍追殺三十多里，擊斃了兩千多人，牛羊駱駝被清軍俘獲或斬殺的約十餘萬隻，噶爾丹

只有幾十個騎兵和少數牲畜隨他逃出重圍。

四、深入敵境殲滅噶爾丹

　　昭莫多戰後，噶爾丹四處流竄，但他仍不降清，經過幾個月的收編殘部，「大略兵有五千餘，牛羊甚少，無廬帳者多」。而對他最不利的是原先依附他的，包括他的姪子、姪孫們，多先後叛離而去了；反對他的部族更是向清廷表明効力盡忠、聯合作戰的心意；因此噶爾丹已經陷入走投無路的絕境。但是他仍無視於失敗的現實，照舊在大漠中頑抗清朝。康熙皇帝怕他再度為患，便在康熙三十五年 (1696) 九月又率兵出塞，進駐歸化城，後來更深入寧夏地區。

　　噶爾丹見情勢不利，派遣親信向清廷表示願意歸降，康熙帝准以七十天為期，於是撤軍回鑾。但是噶爾丹在期滿後仍在拖延，皇帝乃在第二年二月中再一次出塞，兵分兩路，一路出嘉峪關，一路出歸化城。噶爾丹見清朝大軍迫近，深感勢力孤單，無法作戰，此時他的伊犁老巢已為姪子策妄阿喇布坦所占；投奔西藏的後路也被清軍切斷，俄國的支援更是遙遙無期。他在四面楚歌、一籌莫展的情況下，只有竄走到阿察阿穆塔台山區。當時部下僅有數百人，「每日殺馬為食」，真是苦不堪言，慘不忍睹，結果在同年的「閏三月十三日清晨得病，其晚即死」。康熙帝因消滅噶爾丹的任務已達成，乃班師回朝，圓滿結束了親征。

五、親征致勝的原因

康熙皇帝自親政以後，清廷對內、對外發生過好幾次大規模戰爭，如三藩之亂、進取臺灣、雅克薩戰爭、親征噶爾丹等等。每次大戰都以勝利收場，當然這並不是因為康熙皇帝運氣好所致，而是各有其致勝的原因，以親征噶爾丹而言，以下幾點事實，就值得我們注意。

㈠皇帝的因素

對於噶爾丹用兵與否，清廷大臣中一直存在著主和與主戰兩派不同的意見。主和派以大學士伊桑阿為首，附從的人不少；主戰派則只有三、四人，其中以費揚古最為積極。皇帝始終以國家邊疆安定為重，毅然決然主張出兵，並且親自上陣。因此在昭莫多一役前夕，不少大臣因聽到俄羅斯大軍可能參戰，都勸皇帝撤軍，可是康熙帝認為「噶爾丹可擒可滅，而肯怯懦退縮乎？」下令繼續進軍，並警告凡退後的必斬殺無赦，結果將士勇往直前，贏得了戰爭的勝利，而昭莫多之役正是噶爾丹敗亡的致命傷。如果當時皇帝的決心不足，噶爾丹必稱霸西疆，清朝日後的歷史必將改寫。

康熙三十五、六年間，皇帝又兩度出塞，指揮大軍，並對各部蒙古招降征剿兼施，在在表示了他個人的決心，終致噶爾丹眾叛親離、淪於萬劫不復的境地。另外，在幾次出征期間，皇帝與士兵同甘共苦，他參加掘井，與兵士列坐共餐，而且遵守每日一餐的規定。他又在征途中關心將士們的生活，

大為激發了大軍的奮勇作戰精神。這些個人因素確實是戰爭得勝的部分原因。

㈡對情報的重視

在三次親征戰役中，康熙皇帝自始至終注意正確情報的收集；甚至在烏蘭布通一役之前，皇帝就下令要專人到外蒙收集情報。例如康熙二十八年 (1689)，以調解噶爾丹與喀爾喀部土謝圖汗紛爭為由，皇帝派理藩院尚書去準噶爾部觀察。在前後八十多天的刺探以後，皇帝知道「噶爾丹敗於策妄阿喇布坦，下人散亡略盡，又極飢窘，至以人肉為食」。又如一位從嘉峪關回來的官員，向皇帝報告他所得的情報為：「噶爾丹……其屬雖有兵數千，然馬甚少……其往征喀爾喀有所掠猶可，不則將自內亂矣。」還有一些喇嘛也為康熙皇帝收集情報，呈報皇帝「噶爾丹糧盡，殺馬為食」。

這些不同的人從不同的時間、地點寫出報告，說明了一個相同的事實，即噶爾丹人少糧少，實力無多。康熙帝敢於發動第一次親征，相信與他有絕對致勝的把握有關。又如在最後的親征行動中，他也下令前線軍官凡有俘獲厄魯特蒙古人時，必加以調查審問，以了解噶爾丹的一切行動。當時數以百計的這類口供，至今我們仍可以在清宮檔冊中窺知。康熙皇帝真做到了知彼知己，這對戰爭勝利是有助益的。

㈢籌劃的周詳

康熙皇帝對噶爾丹的親征不是輕率從事，他每次都有周

詳的部署與悉心籌劃，這也是他能致勝的另一個原因。

譬如在用人方面，第一次他以親兄弟為大將軍領軍，這些皇室親貴不懂「兵不厭詐」的計略，實際作戰經驗也不多，以致福全發生了被騙而讓噶爾丹安全逃脫的事。皇帝吸取教訓，在此後的戰役中，他都任命富於臨陣經驗的武將們指揮了，像老成持重的費揚古，奮勇當先的孫思克，足智多謀的殷化行，受人崇敬的博濟等等，都是一時之選，這與戰爭勝利是絕對有關。

又如在戰略方面，皇帝除以優勢的兵力與火力壓境外，又運用各種手段孤立噶爾丹，使其無力作戰。例如： 1.他命令大臣出面主導喀爾喀蒙古眾首長舉行會盟，成為清朝的附庸。 2.利用《尼布楚條約》的條文與帝俄在華既得利益，令俄方不能與噶爾丹聯盟，出兵攻打清軍。 3.挑撥分化厄魯特蒙古各部，使噶爾丹無法聚合大力量。他又用金錢、物資或爵位收買其他蒙古族人與新疆回民，號召他們響應清朝一同征伐噶爾丹。 4.皇帝又下令以經濟制裁噶爾丹，甚至扣留準噶爾來歸化城貿易的商隊，使噶爾丹在物質與經濟上缺乏到無以為生。這類政治、外交、經濟各方面的措施，終致噶爾丹陷入無人無錢又無外援的窘境，噶爾丹焉得不敗？

㈣其他方面的優勢

無論是烏蘭布通之役、昭莫多之役，或是最後的毀滅噶爾丹之役，清朝方面的兵力總是大過噶爾丹很多，而參戰的將兵可以說漢滿蒙回藏各族都有。在戰時他們互相配合，一

心作戰；在平時皇帝也下令要他們不斷的「教營伍、練攻戰」，以加強作戰能力。又在幾次親征戰役中，清軍糧餉的充足、駝馬的豐多，更是噶爾丹不能匹比的。此外，火器營的成立、補給線的暢通、水源的保護、士兵安家銀的賞發，樣樣都是戰爭勝利的保證。若以這些條件來看噶爾丹的軍隊，真不啻是烏合之眾了。

六、親征噶爾丹的影響

康熙皇帝三次親征噶爾丹，成果是輝煌的，影響也是深遠的，清朝的社會秩序得以安定、內外蒙古各部從此也在旗盟制度下受到清廷的管轄了；而阿爾泰山以東、恰克圖以南近三百里的地區，也結束分裂割據的局面。當然帝俄對華的侵略行動，更因三次親征戰役而受到暫時的阻止。總而言之，康熙帝這幾次戰爭的勝利，對內對外都是有肯定的貢獻。

從以上的敘述中，我們似乎可以了解到，清朝的這位康熙大帝，實在名不虛傳，他在親征軍事行動中，充分表現出他是一位具備軍事知識與作戰經驗的人，而在他悉心制訂下的一些軍事、政治、外交與經濟策略，也反映了他是一位有大智慧的君主。至於他不避辛苦，深入不毛之地參戰，不懼帝俄的威脅恐嚇，則更足以證明他的膽識過人。這位有經驗、有智慧、有膽識的偉大君主，因他的行動奠定了國家統一的基礎，實現了民族融和的希望，也為多元民族國家創造了發展經濟與文化的有利條件。如果康熙親征的結果帶來慘禍、暴行、災難與痛苦，相信後世史家必會對他作嚴厲地批判。

第六章
略論清末對外締約與國家利權喪失

　　從人類發展史上我們可以看出：中國與西方各國是兩個獨立發展的地區，而這兩個地區在早期的交流往來又很少。中國有著悠久的、光榮的歷史，是東亞唯一的大國，也是東亞文化的中心，因而形成各邦來朝的局面，中國乃以「天朝」自居，其他國家與民族都被視為「外夷」。有著這種「普天之下，莫非王土」，「天無二日，民無二王」的獨大觀念，多年來養成了中國君主睥睨一切的習慣，並且視為當然。清朝雖是「邊夷」滿洲人所建，但是滿族自入關後，繼承了絕大多數漢人的典章制度，尤其襲用了「天朝」對外體制，對東亞與西歐各國的往來，都存留在唯我獨尊的歷史沉澱中，以封貢制度作為國家對外的主要政策。在封貢理念之下，根本沒有平等外交概念；中國是宗主，外國是屬邦。屬邦與宗主國的貿易也是不正常的，中國一向「不寶遠物」，與屬邦貿易是天朝給予他們「恩惠」，是一種「柔遠」的策略；「封艙絕市」則成為清代「制夷」的一項手段，用以對付不恭順的「外夷」。此外由於清初遭遇南明政權的反抗，以及鄭成功祖孫多

年的反清，滿族對於東南海上勢力的存在與發展深具戒心。西歐列強多來自海上，這更使清朝「嚴夷夏之防」，防外夷與漢族結合而形成反側力量。

由於以上的這些歷史背景，清朝尤其對西洋「外夷」實施了一些保守的自衛政策，自乾隆中期以後，通商口岸由四處縮減為廣州一地，以便有效的管制「外夷」。嘉慶皇帝甚至考慮過「將英吉利國停止貿易是否可行」的問題，最後在大臣分析充盈國帑、海上滋事等實際利害關係後才打消此念；道光中期更先後制訂《防範夷人章程八條》以及《防夷新規八條》，進一步擴大約束外商在廣州一地的活動。「天朝」的優越感可以說一直未見稍減。除對外通商不認作是互利之事外，對國外來使也仍守舊規，正如乾嘉時視馬戛爾尼 (Lord G. Macartney)、阿美士德 (Lord W. P. Amherst) 為「貢使」一般；道光時的廣東封疆大吏也對英國代表律勞卑 (W. J. Napier)、義律 (C. Elliot) 用「平行款式」信件表示過震怒，並以「封艙」來處罰「外夷」。凡此種種，在在說明了清朝「閉關鎖國」政策的不斷加強。對當時的清廷而言，這種對外政策確實有其產生與存在的理由；但是進入十九世紀中期的中國，一味地限制中外交通，拒絕海外知識的輸入，不求主動的重視世界事務，這有害於中國自身的發展，也是毋庸置疑的事實。

然而在世界另一個角落的歐洲，自羅馬帝國滅亡以後，他們逐漸形成了以民族與語言為主的大小割據國家，這些國家之間的生存與發展，以及他們彼此間的往來方式，與東亞

各國的制度迥然不同。就以對外關係一端言，他們常以使臣來交涉並解決有關國家的重要利益，他們以締約與結盟來作為保護或發展自身利益的手段，這些概念與作法是與東亞國家的傳統大異其趣的。

十五世紀以後，由於新航路的發現，西歐國家又興起了殖民主義的帝國浪潮，他們以軍事征服與武力掠奪的方式，向歐陸與海外進軍，西班牙、葡萄牙曾經風光過一段時期。十六世紀英國擊敗了西班牙的「無敵艦隊」，取得了「海上霸權」，更向海外擴張，先後在北美、西非、南亞建立了不少殖民地，印度便是其中之一。中國鄰近印度，又是多年來西歐人熟知的「黃金、絲綢遍地之國」，英國人想要占有中國市場是勢所必然的。不過，清朝早年有著相當強大的實力，曾經利用過英國、荷蘭而後收復了臺灣，也曾以武力有效地擊退過帝俄侵略，這些事實使歐洲列強不敢貿然對中國進行殖民侵略。不過到了十八世紀後期，英國除了擁有強大的軍事力量之外，政黨政治使其政府增添了活力，工業革命的次第成功，又使帝國的經濟力量更上層樓，龐大的生產力急需尋求原料與開拓市場，而封閉的中國正是他們夢寐以求的對象，自然也就變成不可不爭的地區了。

在英國國力大增，亟謀向海外發展的時刻，正是清朝中衰的開始，官場因循苟且，社會動盪不安，軍備武力廢弛，國家財政窘困，主政者又昧於國際知識，不能順應世界潮流，日後遭遇艱辛的逆境，自然是預料中事。

清朝保守的對外政策，原本就與西歐列強向外擴張需求

是不能相容的，是會發生尖銳對立的，因此英國幾次遣使來華要求建立平等交往都被嚴拒，也是必然的結果。另外，在通商方面，中國並不太需要西方的物資，且多重設限，對英商極為不利；而英國輸華的紡織、金屬等商品又不受中國歡迎，根本不能獲利。為了彌補中國絲、茶大量輸入英國市場的虧損，英國政府與商界便大力向中國推行鴉片貿易，因為這一商品確能給英國帶來極大極多的財富。

鴉片輸入中國的事，早在唐朝就開始了，不過數量不多，只作藥用。自從清朝乾嘉之後，英國有計畫的對華輸入大宗鴉片，因此數量大增，由嘉慶時每年進口約三千多箱，到道光時竟驟增到每年兩萬多箱，除鴉片吸食人口激增之外，也造成白銀外流的嚴重問題，而危害到了國家財政與人民的生計，這也使清廷不得不嚴禁鴉片走私，而英國資本家集團則為財源收入，不時向政府要求「採取各種方法來掃除妨害」，以達到進入中國的市場。中英雙方的際遇與需求竟是如此不同，衝突當然難免，歷史上所稱的「鴉片戰爭」也就因而爆發了。

根據專家學者的估計，鴉片戰爭前夕，每年走私來華的鴉片約有三萬箱，在國內銷售的總利潤約為七千五百萬兩白銀，相當於清朝政府國家全年收入的兩倍，數字之龐大，情況之嚴重，由此可知。道光十九年 (1839) 正月，皇帝乃任命林則徐為欽差大臣，往廣東「查辦海口事件」，嚴禁鴉片走私。林則徐是位廉能的好官，他採取嚴屬的措施，一面追捕吸毒、販毒的人犯，一面勒令外商交出全部鴉片，並於四月

間在虎門公開焚毀，以示決心。英國政府為保護獲利極高的鴉片貿易，不惜動員大軍，遠涉重洋來發動戰爭。當英國調集陸海軍來華時，外相巴麥尊 (V. Palmerston) 曾訓令遠征軍司令懿律 (G. Elliot)，大軍抵華後，先封鎖珠江及中國沿海，再占舟山、索賠款、割島嶼、訂條約等事，並攜帶以他名義致中國宰相的書信一通，設法轉送。英軍於道光二十年 (1840) 五月駛抵廣東水域，立即封鎖中國沿海，北上遞書，不限廣東一地的中英戰爭從此爆發。

自首批英軍來華至道光二十二年 (1842) 七月中英締結《江寧條約》（通稱《南京條約》）的兩年多時間中，雙方在中國沿海及內陸發生過多次武裝衝突，規模較大的有道光二十年 (1840) 六月英軍北上在廈門、舟山、定海等地的攻防戰；同年十二月，英軍為脅迫琦善屈服而發動的沙角、大角炮臺攻擊戰；道光二十一年 (1841) 二月英軍猛攻虎門而後兵臨廣州的戰役（以上兩次均為《穿鼻草約》而發動）；同年四月英軍再發動攻勢，兵臨廣州，令奕山乞和為第一階段。道光二十一年 (1841) 英國政府仍不滿遠征軍行事，另派濮鼎查 (H. Pottinger) 為全權代表，增軍來華，同年七、八月間在廈門、定海、寧波等地進行攻擊戰；道光二十二年 (1842) 正月，清朝揚威將軍奕經在浙江策劃收復失地，但三路喪師，英軍乘勝還擊，四月陷乍浦，不久入長江；五月克上海；六月破鎮江，兵臨南京城下等戰役為第二階段。以上大小戰爭，清軍每戰皆北，而且死傷頗重。當時清廷防禦不堅、兵力不足、武器老舊、戰守無策等等固然是喪師的原因；但是仍有

一些問題也值得作一觀察。例如：

㈠君臣對英軍情況判斷有誤。早在道光十九年 (1839) 四月，林則徐焚煙後曾向皇帝作過類似保證的報告說：「(英國)萬不敢以侵凌他國之術窺伺中華。」這使得中央決策者疏於準備戰爭。道光二十年 (1840) 五月，英軍大舉東來後，林則徐仍奏稱：「英夷近日來船，所配兵械較多，實仍載運鴉片。」給人的印象是英軍並非專為大戰而來。英國遠征軍北上天津，沿途戰爭節節勝利，皇帝為查明「英夷致寇根由」，破例命琦善收下了巴麥尊的〈致中國宰相書〉，這份關係重大的文件，內容至少包括英國向清廷要求賠償軍費、商欠、被焚煙價；割讓島嶼；平等外交等事。可是譯成中文後重點只放在「求討皇帝昭雪伸冤」，誤導中央主政者以為懲辦林則徐與賠款便可了事。琦善後來被任命為欽差大臣，一直以為恢復通商、懲處林則徐，最多再施加一些「恩惠」，即能使英人就撫，因此他到廣東後並不重視廣東防務，即使增兵也是為「虛張聲勢，俾該夷知我有備」。等到談判不成，英軍攻入珠江，琦善只得任其擺佈。另外，清廷多數官員僅知英軍「習於海戰」，以為誘之登陸，即可殲滅，直到濮鼎查來華後，對廈門、鎮海等地發動陸上戰爭時，才發現英軍陸戰也很凶猛，始知原定戰策，徹底錯誤。

㈡前線官員隱瞞和戰真相。鴉片戰爭前後，清廷負責辦理對英交涉事務的官員，幾乎都有隱瞞前線和戰真相的事實。即使是道光朝官員中佼佼者如林則徐，也不例外。道光十九年 (1839) 七月與九月，中英兩軍在九龍海面與穿鼻炮臺的遭

遇戰，林則徐都上奏呈報戰勝英軍，甚至有「夷帽漂流數海里」的誇張戰果。更可怕的是，繼林則徐以後來廣東的文武官員，他們誤國的隱捏真相，實在罪惡至極。琦善在道光二十年 (1840) 與二十一年 (1841) 之際與英軍作戰以及談和等事，如虎門第一門戶沙角炮臺的被毀、割地賠款的《穿鼻草約》、英軍正式占領香港以及兵臨廣州脅迫等等，琦善都未及時上奏，最後皇帝還是在廣東巡撫怡良的彈劾疏中，才知道琦善的擅權與欺罔行為。琦善被鎖拿解送京城之後，皇帝派奕山為靖逆將軍、楊芳為參贊大臣赴廣東「剿逆」，楊芳於道光二十一年 (1841) 二月先到廣州，對琦善的敗績也隱瞞不報，反捏稱珠江之捷。其後他與英軍談判，事實上他改變了皇帝的主剿政策為主撫政策，前線一時獲得平靜，他卻上奏說英軍畏懼而退，皇帝還對他溫旨慰加。奕山後來到了廣州，四月初英軍攻城，清軍不敵，奕山命知府余保純執白旗投降，依英軍要求撤兵付贖城費，奕山反向皇帝報告說是英軍「乞和」。等到奕山付清贖城費並撤軍於廣州城外之後，英軍依約撤走珠江船艦，奕山則又謊報「粵省夷務大定」。欽差大將軍竟如此無法無天，中央決策如何能正確，前線戰事又如何獲勝呢？

㈢中央「剿」「撫」政策的不定。清朝中央對英國的了解原本不多，鴉片戰爭時又因前線文武官員的不實報告，以致中央制訂的政策時有改變。在道光十八年 (1838) 皇帝數度召見林則徐時，曾指示他到廣東禁煙時勿啟邊釁，避免戰爭。等到林則徐焚燒煙土之後，皇帝又命令他「不得示弱長驕」，

「日後再有反復，即當示之兵威」。這些諭令雖不必解釋為要對英國發動大戰，但是必要時「剿」也是可行的行動。英軍北上大沽，清廷接到巴麥尊書信之後，「撫夷」政策決定了，琦善以特使身分南下與英方談判，但是英方仍「桀敖不馴」，於是皇帝又任奕山為靖逆將軍，從事「剿夷」戰爭。奕山捏報軍情，隱瞞敗績，皇帝以為前線勝利，諭令奕山要「務使逆夷片帆不歸」，徹底打敗英國。道光二十一年 (1841)，奕山的騙局被人揭破，英國改派強硬主戰的濮鼎查來華，閩浙沿海多處重要城市失陷，皇帝仍堅持「剿」策，動員各省大軍，以奕經為揚威將軍，謀求恢復。但是英軍實在船堅炮利，浙江境內的清兵已「銳氣全消，勢難復振」，而且「戰爭未有窮期，糜餉勞師」，「深為可慮」，皇帝在浙江巡撫劉韻珂等人的「請求」下，乃調任盛京將軍耆英為署理杭州將軍，與伊里布等人一同與英軍談和，在中央政策上可以說又一次地變「剿」為「撫」。由此可見，在兩年多的鴉片戰爭中，清廷和戰政策是搖擺不定的。

反觀英國，外相巴麥尊自始至終都訓令來華代表要在中國取得平等交往權、割讓島嶼、封鎖海口、索取賠償、訂立條約等實質成果，以強大軍力為交涉後盾，不達目的，絕不罷休。兵家有言：「知己知彼，百戰不殆。」清廷對英國了解無多，官員又隱瞞敗績，朝廷和戰無常，對付如此關係重大的戰爭，當然難有勝算的機會。

道光二十二年七月二十四日（1842 年 8 月 29 日），清廷全權代表耆英等人，在英軍兵臨南京城下，只有畫押而無任

何辯論的情形下，全盤接受了英方提出的條件，簽訂《江寧條約》。條約內容共為十三款，主要項目有：五口通商、割讓香港、賠償英國軍費、商欠與煙價共兩千一百萬兩、允許自由貿易、重訂關稅、赦免漢奸、中英平等往來等等，英國人多年來所想的中國利權，全數在條約裡取得了。

《江寧條約》是個不平等條約，給中國日後帶來無盡的災難，割地賠款大大損害了中國的權利，赦免漢奸無異是干擾了中國司法權，而耆英等人在訂約後一年中與濮鼎查繼續交涉細節，最後所簽訂《五口通商附貼善後條款》（又稱《虎門條約》），更是喪權辱國，現在且舉數事，以為說明。

《五口通商附貼善後條款》實際上是《江寧條約》之外另訂的一個新約，而這一新約中又附有《五口通商章程：海關稅則》一份，在這一稅則的第十三款條文內規定：「倘遇有交涉詞訟，……其英人如何科罪，由英國議定章程、法律，發給管事官照辦。」這是濮鼎查應耆英而要求英商與中國人有交涉事件時，「英商歸英國自理」而特別寫立的，實際上將英國人在華的管轄權置於中國法律之外了，這是日後各國在華獲得領事裁判權的張本。

《虎門條約》第八款又有「設將來大皇帝有新恩施及各國，亦應准英人一體均霑，用示平允」。從此英國又可以得到很多未來不可知的利益，也就是給予英國片面最惠國待遇，這對日後中國害處極多。

多年來，英國對廣州通商稅率不定，陋規繁多，極表不滿，因此在《江寧條約》中特別載明要重訂關稅。條約文字

中原本有「應納進口、出口貨稅、餉費,均宜秉公議定則例,
由部頒發曉示,以便英商按例交納」字樣,也就是說英商以
後來華貿易稅應按清廷秉公議定的稅則交納,而這一稅則是
由清朝戶部頒布。可是耆英與濮鼎查經過一年的談判協商,
重點一直放在關稅稅率方面,最後將百餘種進出口貨物稅用
條約方式規定了下來,本屬我國內政的關稅,清朝在《虎門
條約》中又喪失了自主權。

　　《虎門條約》第十款中又規定:「凡通商五港口,必有英
國官船一隻在彼灣泊,以便將各貨船上水手嚴行約束。」耆
英原想用來「以夷制夷」的,卻沒有料到這些軍艦的停泊通
商口岸,成為後來列強威脅清朝地方官府的武力。

　　以上諸事,在在可以說明當時清廷與主事大吏的無知無
能,在喪權辱國的《江寧條約》之外,又讓英國不費一兵一
卒取得更多危害中國的權益。

　　英國是近代以條約危害中國各種權益的始作俑者,其它
歐美列強當然也爭先恐後地來到中國分上一杯羹,美國、法
國便是搶拔頭籌的國家。道光二十四年 (1844) 初,美國專使
顧盛 (C. Cushing) 率軍艦抵澳門,再闖入廣州黃埔開炮,要
求覲見清朝皇帝,欽差大臣耆英阻止美使進京,於五月間
同意與其簽訂《望廈條約》(因簽約地在澳門附近望廈村而得
名)。根據此一條約,美國不僅獲得平等交往、五口通商、派
駐領事、協定關稅、領事裁判權、片面最惠國待遇等等權益
外,更進一步規定稅則變更須得美方共議,以及美人在華犯
法得由美方捉拿之權,清朝又深一層地喪失關稅與司法自主

權。中美訂約後，英國根據「一體均霑」的片面最惠國待遇，也立即享有與美國相同的權益。

法國步美國後塵，以同樣要求覲見皇帝為手段，與耆英於道光二十四年 (1844) 九月在廣州城外黃埔簽訂《中法黃埔條約》，按該約規定，法國可以獲得與美國相同的各項權益。法使拉萼尼 (Lagrenē) 又特別要求法人可在中國通商口岸建教堂，迫使清廷開放天主教來華傳教；康熙以來的禁令從此廢除，為日後教案伏下肇因。

道光二十七年 (1847) 耆英又與瑞典、挪威兩國訂立《五口通商章程：海關稅則》，同樣給予該國等協定關稅、領事裁判權、片面最惠國待遇等等權益。在對國際法無知的清朝君臣看來，與歐美各國訂約，可以消弭雙方的爭端，收到「萬年和好」的實效；可是這些不平等條約，卻讓西方商品得到協定關稅的保護；西方若干人士不受中國法律管制；西方炮艇可以在中國一些港口自由進出；中國已經不是獨立自主的國家了，國家與人民的災難將繼踵而至。

《虎門條約》中議定英人在五口內居住等有關問題，如條約的第七款規定，英人租賃房屋由中英有關官員議商決定。上海已是當時中國最大貿易中心之一，在鴉片戰爭結束後不久，英人便前來實地勘察，與上海官員共商僑居地址。道光二十五年 (1845) 十一月，英國駐上海領事巴富爾 (G. Balfour) 與清朝蘇松太道宮慕久經過幾度協商而訂立了《上海租界章程》。清朝官員為求減少中外糾紛，主張「華夷分離」，英國方面則竭力誘使清方讓出主權，使英人居住的租界

內，清方無權管轄一切事務。上海一地，初定縣城以北的一片爛泥灘為英人居留地，面積約為八百多畝；後來美法兩國又在英租界南北兩邊設租界居留；到道光二十九年 (1849)，三國又占有蘇州河以南三千八百多畝以及虹口一帶的大片土地，以後又不斷擴張；到十九世紀末，租界的總面積竟達三萬三千多畝，而這一大塊土地，清朝僅有領土的名義，各國領事則擁有實際治理的全權，根本已變成西方列強的共有殖民地了。上海一地如此，其後另外幾處口岸以及日後新增的口岸租界，都類似地逐漸淪為西方人的殖民地，這也是危害中國領土與主權完整的。

上海官員與西方列強先後訂立了租界章程，相安無事地進行貿易等事；但是廣州人民始終不許英人入城，從道光二十三年到二十九年 (1843–1849)，其間清朝兩廣總督由耆英換為徐廣縉，英國駐華公使歷經濮鼎查、德庇時 (J. F. Davis)、文翰 (S. G. Bonham) 等人，幾經協商，一直不能解決，因為廣東民眾群起抗爭，即使處斬憤怒群眾、發遣為首「刁民」，反英情緒仍然不能遏止，甚至人民喊出「先殺耆英，後剿英夷」的口號，對立情況日趨嚴重，這也隱伏了後來英法聯軍攻華的禍因。

自從徐廣縉出任兩廣總督，葉名琛升任廣東巡撫以後，他們一反耆英的軟弱對外政策，利用民氣，力拒英人入城並對英人所提要求盡量拒絕，甚至不接見外國公使。如此一來，廣東本為辦理「夷務」之地，而外人竟不能與官員見面，更談不上交涉之事了，因此外使總想越過從中作梗的廣東政府，

直接與清廷中央接觸，要求公使駐京便成為當時外國一致的訴求。

另外，自從五口通商以後，西歐工業產品雖然大量運來中國，但是國情不同，加上中國人購買能力不強，以致銷售情形頗不理想。西方資產階級因獲利無多，乃力促其政府打開中國內地市場，免除子口稅，以求外國商品傾銷的數量擴增，達到進一步經濟掠奪的目的。

由於以上幾項原因，歐美列強都設法尋求藉口，與清朝的關係作些調整。正好中美兩國當年締結《望廈條約》時，文中有「所有貿易及海面各款，恐不無稍有變通之處，應俟十二年後，兩國派員公平酌辦」等語，英國便根據片面最惠國待遇，援例要求《江寧條約》於咸豐四年 (1854) 期滿十二年時，與中國修約。當新任英國駐華公使包令 (J. Bowring) 向葉名琛照會提出修約時，葉名琛當時升任兩廣總督不久，他曾因利用民氣而得到皇帝封爵的殊榮，因此對包令的要求入城、租地等事都予駁回，而對修約一事則未予答覆，歐美外使感到在廣州交涉無望，乃計畫聯合北上以求突破。

歐美代表曾往上海與清朝官員商談，未得要領，於是英、美、法三國代表聯袂北上天津外海，由英國公使正式提出修約要求，並詳列十八款項，其中重要的有公使駐京、開放內地、重訂關稅、鴉片合法進口、增開天津口岸等等。從以上幾款來看，已不是《望廈條約》中所謂「稍有變通」的內容了，而是新增一些不平等的條款。況且清廷如准允英國所請，各國都可「一體均霑」，後果不堪設想。咸豐皇帝了解此事的

嚴重性，乃下令除少數相關枝節問題可以研商外，其餘要求概予拒絕。三國代表費時月餘，毫無收穫，而當時中國有太平天國亂事，歐洲又發生英、法與俄國的克里米亞戰爭，中外情勢都不利三國使臣作進一步交涉，因此大家主張觀望一段時間，再作處理。咸豐六年 (1856)《中美望廈條約》締結屆滿十二年，美國依約再度提出修約要求，英、法兩國深知交涉必無結果，不願聯合行動。美使伯駕 (P. Parker) 只得單獨北上，結果當然不能如願。

在美使伯駕採取單獨行動時，英使包令已經呼籲倫敦中央政府「擴大和改進我們（英國）與中國的關係，兵艦是絕對必要的」，並且認為 1857 年夏天是北上天津外海的最佳季節，英國人以炮艦為外交後盾，再度發動對華戰爭的心意已經極為明顯。

正在這表面平靜而暗存戰爭危機的時刻，兩廣地區又發生了兩宗外交事件，被英、法兩國找到了開啟釁端的藉口。咸豐六年 (1856) 正月，有一位法國傳教士馬賴 (A. Chapdelaine) 非法赴廣西西林縣傳教，當地地方官以西林未開放傳教，即將之處死，這件「西林教案」發生後，法國駐華官員多次要求兩廣當局道歉、賠償，總督葉名琛以不理或拒絕處之，引起法方極度不滿，準備對清朝用兵，以求公道。同年九月廣東水師又因緝查「亞羅號」(Arrow) 船，拘捕船員，英國認為扯下船上英國國旗，有損英國尊嚴，要求葉名琛釋放船員，公開道歉。葉名琛以船員中確有海盜，只允釋放部分船員。而亞羅船雖在香港登記，但執照已過期，扯旗

更非事實，因此拒絕道歉。英駐廣州領事巴夏禮 (H. Parkes) 幾經交涉無結果，乃以炮艦攻占廣州東郊炮臺，後又占領商館，兵臨廣州城下，要求與葉名琛會晤，葉名琛仍拒絕會晤英使，拒絕道歉，也不在廣州設防，更不將實情上報中央，只任英軍炮轟城內衙署。英、法兩國在歐洲與海外殖民事業中，雖經常對立，甚至發生過戰爭，但是這次對清朝地方官員的態度，都有著相同的憤怒，於是結成同盟，決計向清廷用兵，英法聯軍之役（或稱第二次鴉片戰爭）於焉開啟。美、俄兩國得悉英法用兵之事後，也熱心參與行列，但只在修約問題上而不是動武方面與英法採取一致的行動。

英法聯軍起兵之日，正是中國內部大動亂之時。當時太平軍、捻軍以及若干祕密會社分子，已將中國十八省中的十三省鬧得天翻地覆，國家財政也出現枯竭危機。葉名琛仍採取「以靜制動」策略，不聞不問。咸豐七年 (1857) 十一月中，聯軍陷廣州，葉名琛被捕送往印度，廣州乃為英法占領，直到這一戰爭結束後才歸還。

咸豐八年 (1858)，四國使臣再率軍艦到天津外海，並於四月間攻陷大沽，進占天津。京師因此大為震驚，乃應英法要求派桂良、花沙納等前往天津談判。桂良等在兵敗之餘，又受帝俄欺騙，在五月間先與俄美簽訂《中俄天津條約》、《中美天津條約》，而後又在「非特無可商量，即一字亦不容更易」的情形下與英法簽訂《中英天津條約》、《中法天津條約》。

清廷與四國簽訂的《天津條約》，主要內容約有：公使駐

京或有事時入京，覲見中國皇帝用西方禮節；增開牛莊、登州、臺灣、淡水、潮州、瓊州、鎮江、南京為通商口岸；外國人可往中國內地通商、傳教、遊歷；修改海關稅則；賠償英法軍費等等。另外對鴉片戰爭後所訂條約中的領事裁判權、最惠國待遇等項，四國也作了有利的補充與擴大權益的規定。

四國與清廷所訂的新約，原定咸豐九年 (1859) 在北京換約，但是咸豐皇帝始終認為公使不能駐京，口岸不宜增開，而外國人來往內地更是具有危險性，因此命令中央與上海的官員盡量設法廢止，甚至以全免關稅換得刪除這幾款也在所不惜。皇帝一面又命科爾沁親王僧格林沁重修大沽防禦措施，調來萬餘大軍，以作準備。

咸豐九年 (1859)，英法等國使臣進京換約，清廷通告外使勿入大沽，而改在北塘登陸進京。英法軍艦未照指示，直闖海河，並清除河道中障礙，雙方因而開戰。清軍以逸待勞，河道中又架設多種攔河工事，不利英法軍艦航行，因此英法聯軍大敗。英法軍艦因失利南返上海，並向國內請求增援，以備再戰。

咸豐皇帝因大沽勝利興奮異常，竟想對英法等國毀約；但是不久後中國內部動亂日形嚴重，杭州失陷，江南大營也被太平軍摧毀，清廷賴以運輸漕糧及稅收主要收入之地的上海也危在旦夕，而英法聯軍經重整與增援後，又組成了一支擁有船艦二百五十艘、陸海軍近二萬人的龐大隊伍，並於咸豐十年 (1860) 五月正式向清朝宣戰。

咸豐皇帝見內外形勢不利，改變強硬態度，同意外使來

京換約，承認《天津條約》。但是英法聯軍已萬里來華，乃於同年六月間攻克大沽、塘沽，七月初進占天津，清廷雖再派桂良等赴天津談判，外使不予理會，繼續揮兵進京。八月間，僧格林沁數萬守軍與英法聯軍在張家灣與八里橋二地發生激烈戰鬥，英法軍隊憑藉優良武器擊潰數倍的清軍，皇帝以「秋彌木蘭」為名，逃往熱河避難，而任命其弟奕訢為全權大臣，留在京城「督辦和局」。

英法等國軍隊於八月二十九日入京，為了「懲罰」中國皇帝，竟於九月初五日火燒圓明園，將這座東方名園與藝術寶庫化為灰燼。英國專使額爾金 (Lord Elgin) 與法國專使葛羅 (J. Gros) 並不因圓明園焚毀而洩恨，在與奕訢等人談判中，更是態度蠻橫，一字不能更改地命清方簽訂《北京條約》。九月十五日咸豐皇帝在熱河批准了中英、中法《北京條約》，四天後，英法等國軍隊才陸續撤離北京。

清廷與英國新訂的《北京條約》，除完全承認《中英天津條約》外，又同意割讓九龍、增開天津為通商口岸、賠償軍費增加為八百萬兩以及公使駐京等項。對法國則在《北京條約》中載明承認《中法天津條約》、賠款增為八百萬兩、增開天津為口岸、賠還教會產業等款。這些條款當然給中國又增添了國恥與經濟上的負擔。

清朝在中英、中法《北京條約》中固然損失慘重；但比之《中俄北京條約》，清朝的喪權辱國情形顯然就更嚴重了。帝俄自十六世紀中葉起即積極向東發展，十七世紀的二十年代即已推進到太平洋岸。清初順治年間，帝俄侵入黑龍江流

域，曾與清軍及地方住民發生過幾次戰爭，康熙時更有雅克薩戰役，戰後清廷因戰勝而在《尼布楚條約》中定出黑龍江為中國內河的條文，暫時遏制了帝俄的對華侵略。十九世紀中葉，正是中英鴉片戰爭前後，帝俄以「貿易」為名，深入黑龍江流域勘察，發現黑龍江竟是能通達太平洋的水道，因而更形激起東侵中國的企圖。咸豐元年 (1851)，沙皇悍然下令以武力占領庫頁島，兩年後又派軍強占黑龍江下游的廟街一帶地區，當時太平軍興，清廷無力北顧，黑龍江下游自此已為帝俄軍力所控制。咸豐六、七年間，乘清廷內憂外患交迫之時，俄軍繼續入侵，聲稱黑龍江為中俄界線，並在璦琿城對岸的海蘭泡建立軍事據點。

咸豐七年 (1857)，英法聯軍陷廣州，帝俄聞訊立即派人來華談判，當時黑龍江將軍是奕山，這位曾在鴉片戰爭中喪膽的敗將，懼外又無兵，在八年 (1858) 三月與俄使會談時，表現極為軟弱，俄軍又開炮示威，終於在四月間他與俄使簽訂了《璦琿條約》，這一紙條約使中國喪失大片領土，中俄邊界由外興安嶺改為黑龍江岸，約有 60 多萬平方公里的土地歸於俄國所有。不僅於此，條約中又載明烏蘇里江以東 40 多萬平方公里的地區，也變為「兩國共管」之地，《璦琿條約》後來雖未被清廷正式承認，但到《中俄北京條約》簽訂時，清廷卻公然承認了。

咸豐十年 (1860)，清廷與四國簽訂《北京條約》，帝俄是最大的贏家，早在英法聯軍北上時，俄使參加歐美侵華行列，但他又對清廷示好，表示願作調人。清朝君臣因而對俄採取

懷柔策略，俄使乃得在兩方謀利。咸豐八年 (1858) 先在天津
與桂良訂約，取得片面最惠國待遇、領事裁判權、七口通商
以及關稅協定等權益。咸豐九年 (1859) 換約衝突發生後，俄
使提供英法有關中國北方各項情報，慫恿西歐列強擴大侵華，
以便日後在「一體均霑」的條文下，從清廷取得更多更大的
利益。而就在同時，俄使又向清廷表示繼續充當「善為說合」
的中間調人，因此在北京被聯軍攻陷，英法美三國與奕訢簽
訂《北京條約》之後，帝俄使臣一面以調停有功為詞，一面
又挾英法武力以自重，極盡所能地向清廷要求權益。奕訢等
在無知、無奈又恐懼下，終於屈服而簽下了《中俄北京條
約》。在這份共有十五款項的條文中，清廷不但承認了《璦琿
條約》，同時更將烏蘇里江以東共管的地區劃入俄國領土的範
圍，另外在中俄西部邊界上也損失大片國土。《中俄北京條
約》是中國近代史上，使中國損失土地最大的不平等條約，
而帝俄的偽善、凶險惡狠面目，也在此一條約簽訂前後畢露
無遺。

　　《北京條約》簽訂後不到一年，咸豐皇帝在承德的避暑
山莊去世了，繼承的同治皇帝僅僅六歲，無法治理國家政事；
由兩宮太后與皇叔奕訢主政，清朝乃逐漸呈現一片新的氣象，
太平軍動亂日漸平定，中央政權暫時得到妥協緩和，漢人潛
在的軍閥力量先後被削弱，對外關係也有了「和好」的甚至
「合作」的局面，所謂「中興」的生機出現了，然而這一切
只是表面的，皇室之間、滿漢種族之間、清朝中央與地方之
間，以及中國與外國之間的若干問題，並未能真正解決，因

此國家的難題日積日多，人民的苦難也日益加重了。現在僅就締約與喪權等事在以下文字中作一簡要的觀察。

英法聯軍以後，西歐國家紛紛來華要求簽約，以時間先後計，可列簡表如後：

咸豐十一年 (1861) 中普《通商條約》

同治元年 (1862) 中葡《和好貿易條約》（後來正式換約）

同治二年 (1863) 中荷《天津條約》

同治二年 (1863) 中丹《天津條約》

同治三年 (1864) 與西班牙的《友好貿易條約》

同治四年 (1865) 與比利時的《通商條約》

同治五年 (1866) 與意大利的《通商條約》

同治八年 (1869) 與奧地利的《通商條約》

同治十二年 (1873) 與日本的《通商條約》

同治十三年 (1874) 與秘魯訂《通商條約》

在以上的這些簽約國中，除日本外，他們大多是通過法英的奧援與支持迫得清朝與之締約，而且都得到片面最惠國待遇、領事裁判權、關稅協定等權益，形成一大股聯合對付清朝的力量。另外，在上述這十多年與十餘國的締約過程中，我們還可以發現一些現象，例如：㈠若干簽約國家的地理位置、國勢強弱，當時的清朝主持者如奕訢等人全然無知或知之不多，但在英法等國的「說項」下都給予特權而締約了。㈡締約談判時，清朝若干大臣無知又懼外地訂下一些不可思議的條款，如總理衙門大臣恆祺、三口通商大臣崇厚與葡萄牙特使初簽的草約中竟有「從前大清國與大西洋國（指葡萄

牙）來往交涉，……一切舊章，自應革除，永遠不得別有異議」。又第九款稱：「大清國大皇帝任憑仍設立官員駐紮澳門，管理通商貿易事務，……但此等官員，……其職位事權得以自由之處，均與法、英、美諸國領事等官，駐紮澳門、香港等處各員，辦理自己公務，懸掛本國旗號無異。」這些條款根本就是承認澳門屬於葡萄牙，而不是中國租借給葡國的領土。清朝在澳門的官員，也被列為與英法等國相同地位的領事官員了。幸虧在同治三年 (1864) 換約時，被對國際法較有知識的總理衙門大臣薛煥看出，提出修改，葡國拒絕，因此該約一時成為懸案，直到光緒十三年 (1887)，清廷為了防止鴉片走私，在海關總稅務司英國人赫德 (R. Hart) 的力勸下才正式簽訂，也從此喪失了澳門的主權。㈢薛煥曾任江蘇巡撫，在上海一帶與外人有長期接觸的經驗，他在同治元年 (1862) 與比利時使臣初次談判簽約時，便沒有在約中明文規定片面最惠國、領事裁判權等損害國權的條款，並規定比利時駐華領事「不得以商人充當」，不過這份草約後來沒有得到比國政府批准，而在同治四年 (1865)，比國又透過列強的幫助，終於簽訂了與英法等國享有相同特權的條約。㈣同治年間對外所訂的條約中，清朝官員認為最大的成功處是「公使駐京」問題在條款中被淡化，甚至不載。他們以為外使駐京與觀見仍是對國家的一種恥辱，對皇帝是褻瀆，而把片面最惠國待遇、領事裁判權等損害國家與民族權益的條款，視為無傷大雅，輕易地讓給外人，足證當時清朝官員國際知識的進步，仍是有限的，而中國傳統的封貢、華夷思想仍舊是蒂固根深。

㈤日本是來華請求訂約較晚的國家，清朝最初給予他的待遇也最不好。同治十年 (1871) 直隸總督李鴻章與日本大藏卿伊達宗誠爭執很久，最後訂立了相當平等的《天津條約》，雙方同意不干涉內政，互有領事裁判、關稅協定以及互開通商口岸等等特權，可以說是不同於歐美列強此前所訂立的不平等條約。李鴻章這種重國家主權的觀念，後來又運用與體現在中國與秘魯的《通商條約》上，在當時算是比較難得的。

同治十三年 (1874) 冬，同治皇帝逝世，因無子嗣，皇位繼承事引起爭議，大臣中多認為比同治晚一輩的溥倫當立，慈禧太后則為攬權，堅持立了與同治帝同輩的載湉，是為德宗光緒皇帝，「立幼君可專權」，她自己從而得到了垂簾聽政的機會。但是自咸豐以後，朝廷中就形成了一些黨派並發生了政爭，先是慈禧與奕訢聯手發動辛酉政變，除去了肅順等權臣的勢力。後來慈禧又利用御史上奏，羅列奕訢的攬權、納賄、徇私、驕盈等等罪狀，在同治四年 (1865) 革除了奕訢的實權職務，從此兩人鬥爭不止，直到光緒帝繼承之後，朝廷中仍有北黨與南黨之爭，事實上是慈禧與奕訢的兩大集團在較勁，而這些政爭不時表現在同光時期的內政與外交事務上，特別是關係重大的甲午戰爭與八國聯軍等影響國家存亡的大事件上。

歐美列強在鴉片戰爭後不斷與清廷立約，以取得通商口岸、關稅協定、領事裁判以及公使駐京等等特權，致使中國喪失很多主權；但是到光緒繼統以後，列強侵略的策略與方向有了改變，他們不再以上述那些政治、經濟與軍事權利為

滿足，他們更深一層的要直接占領中國內部土地，建立獨占的市場，設廠、採礦、築路、投資，無所不為，以徹底控制中國。在列強日狠一日地侵略中國屬邦、邊疆，甚至瓜分中國的時候，清廷仍在內鬥不求奮發，國家前途實在堪憂。

光緒年間，列強對中國侵略策略的轉變，日漸明顯，他們先向中國屬邦發難，使之成為列強的殖民地，繼而以鄰近的這些屬邦為據點，再向邊疆與內部省區進犯。法國於光緒元年 (1875) 先與越南訂約，承認越南為獨立國，否認清朝對越南的宗主權，其後中法間因交涉不得結果，終於發生中法戰爭；光緒十一年 (1885) 李鴻章與法使在天津訂《中法會訂越南條約》，不但承認法國有權保護越南，並且同意法國由陸路向雲南、廣西貿易減稅，魔爪伸向了中國內地。英國同時也占領緬甸，並從緬甸進入雲南，又企圖從印度侵入西藏。帝俄則乘新疆阿古柏之亂，進兵占領伊犁，另派兵深入西藏與帕米爾地區調查考察。日本則先於光緒五年 (1879) 併吞琉球，其後更仿行法國方法，逼朝鮮國王訂約，承認朝鮮獨立，使中國無權過問朝鮮事務，並圖以朝鮮為根據地，推進其大陸政策。十九世紀七十、八十年代，也就是光緒即位後到甲午戰爭的一段期間，是列強合力肢解中國的前奏，中日甲午戰爭失敗後不久，瓜分中國的行動便瘋狂開始了。

列強爭奪中國屬邦，進犯邊疆與腹地，以及瓜分中國的事實，在光緒年間的眾多條約中最能顯現出來。由於這期間中外所訂條約不下百種，不能一一敘述，現在僅略舉重要、具代表性的幾件，作為說明。

　　光緒元年 (1875)，英國人馬嘉理 (A. R. Margary) 在中國西南被殺害，英國便以此為藉口，向清廷大肆勒索，結果在第二年簽訂中英《煙臺條約》。這一條約危害中國的新方式，可以從以下三方面來看：

　　第一，約中規定開放宜昌、蕪湖、溫州、北海四處為通商口岸，又開放大通、安慶、湖口、武穴、陸溪口、沙市六地為英船停泊碼頭，並同意英國派員駐重慶，查看商務，後來重慶也開放為通商口岸。這些口岸的開放，使列強侵略勢力深入中國內地，也使中國內河航行權更進一步地喪失，英國想占據長江流域的野心，得到進一步地實現。

　　第二，《煙臺條約》不但為列強在華開拓了更多市場，獲得輸入更多商品的利益，同時也規定了子口稅的制度，即不論是外國商人或是本國商人將洋貨運入內地，只須繳納子口稅，其他各項內地稅均可免除，這對當時清朝財稅收入影響很大。到光緒十一年 (1885) 再簽《煙臺條約續增專條》時，更規定鴉片進口只需繳交一次稅釐，即可與其他洋貨一樣，運到全中國各地，賺中國人的錢，害中國人的命了。

　　第三，由於馬嘉理案發生在中國西南邊區，《煙臺條約》中也明訂英國勢力可以進入西南地帶，其中規定雲南邊界上的通商事宜，由中英雙方共立章程，英國官員在大理或其他城市可以駐留五年，察看貿易等情事，由此引起日後中國西南邊疆的危機，英國進犯緬甸與蓄意入侵西藏都是從《煙臺條約》踏出第一步的。

　　法國人不讓英國專美於前，在中法戰爭以後訂立中法《越

南條約》時，便要求清朝開放中越邊界上在保勝以上與諒山以北兩處地方通商與居住。其後在光緒十二、三年間 (1886-1887) 又與清廷訂立《越南邊界通商章程》與《續議商務專款》，取得廣西龍州、雲南蒙自等地的通商權，中國南部一些地區從此由法人控制。光緒十一年 (1885) 的《越南條約》中還有一款是值得注意的，那是「日後若中國酌擬創造鐵路時，中國自向法國業此之人商辦」，這是甲午戰後列強在中國攫取鐵路權的濫觴，也是侵略中國的另一種新方式。

　　中日甲午戰爭之後所訂立的《馬關條約》，帶給中國的屈辱、主權的喪失以及財政的負荷，都比《江寧條約》嚴重很多。條約中認明朝鮮「完全無缺的獨立自主」，斷絕了中朝多年來的宗藩關係，更徹底毀滅了中國的封貢制度。割讓臺澎、遼東半島，助長了列強進一步侵有中國領土的野心。賠償軍費二億兩，迫使中國大舉借貸外債，從此列強扼制了中國財經的命脈。日本可在中國通商口岸從事各項工藝製造、進口機器，開啟了日後列強競相攫奪設廠權、採礦權、築路權的先聲，為列強對中國資本輸出提出了有利與合法的條件。更可怕而且嚴重的是，《馬關條約》為中國招引來瓜分之禍。

　　由於《馬關條約》中載有割讓遼東半島予日本的條文，引起了有意擴張勢力於遠東的列強，特別是帝俄的關注與不滿，他們結合俄、德、法三國的力量，給日本「友誼的忠告」，迫令歸還遼東的土地。日本在大戰以後，人力物力都嚴重消耗，無法與三國抗爭，只好同意「放棄永久占領遼東半島」。從表面上看，中國因俄、德、法的干涉而討回了遼東半

島，事實上，中國已在極為窮困的情況下，又付給日本「贖遼費」三千萬兩白銀，而遼東地區在不久後則又被日俄等列強占有了。

甲午戰後首先得遼東實利的是俄國。慈禧太后與李鴻章等大臣在三國干涉還遼後，對俄國產生極度好感，妄生以俄制日之念。光緒二十一年 (1895)，俄國擬興建西伯利亞大鐵路，更進一步進軍遠東，想從中國東北借地築路，清廷未予同意，原因是怕其他列強仿照要求。但是為了「牽制日本」，還是答應俄國軍艦可以在膠州灣過冬。光緒二十二年 (1896)，俄皇尼古拉二世加冕，俄國指名李鴻章參加慶賀典禮。李鴻章在俄國期間，沙皇及財政、外交大臣等不斷威脅利誘李鴻章，一面強調中俄合作的好處，一面待李為上賓，並有傳聞賄賂李以三百萬盧布之說，結果與帝俄訂立了《禦敵互相援助條約》(即《中俄密約》)。這份條約表面上是俄國願意與清朝締約共同防禦日本侵略，實際上是俄國以此一密約，取得在中國修築並經營中東鐵路的特權，而且還享有中東鐵路沿線的採礦、軍警護路以及興建工廠等種種的特權。清廷以為簽此一約可以「聯俄制日」，李鴻章甚至認為「可保二十年無事」，可是俄國卻在此時與其他列強聯合，從事瓜分中國的更大陰謀。

瓜分中國是中日甲午戰爭帶給中國最可怕、最嚴重的後遺症。時間是從光緒二十三年 (1897) 開始，首先發動這波瘋狂行動的，竟是曾以朋友姿態幫助中國干涉還遼的俄、德、法三國。

光緒二十三年 (1897) 十月，德國以兩名傳教士在山東被

殺而出兵占領膠州灣，清廷以為與俄訂立《禦敵互相援助條約》，乃向帝俄求援，俄國在同年十一月出兵強占旅順與大連，聲稱是「保護中國」，實際上是與德國聯合行動，各劃中國北方各省與山東為自己的「獨立行動範圍」。光緒二十四年(1898)春季，清廷被迫分別與德、俄簽訂《膠澳租地條約》與《旅大租地條約》。從此德國取得管轄膠州灣、修築膠濟鐵路、鐵路沿線採礦等權，租期為九十九年。俄國則依據條約，租得旅大管轄權二十五年，可在租地內修建炮臺與軍營並駐軍。不久後俄國又與清廷簽《旅大租地續約》，將中東鐵路支線的路點延長到旅順口與大連灣，「滿足軍事目的」的計畫完全實現了。事實上，德、俄兩國經由這些條約，使山東與東北成為他們的勢力範圍。

　　法國也是「還遼有功」的國家，因此繼德、俄之後也向清廷提出租借廣州灣的要求，清廷無法拒絕，便在光緒二十五年(1899)十月與法使簽訂《廣州灣租界條約》，以九十九年為期，法國取得了租借廣州灣及其附近水域之權。另藉此次簽約，法國又取得中越邊界修築鐵路權與承辦中國郵政等的特權，雲南與兩廣從此成為法國的勢力範圍。

　　英國眼見德、俄、法三國瓜分中國行動成功，也同步掠奪了中緬邊境上屬於中國的一些土地，又強迫清廷同意開放廣東三水與廣西梧州為通商口岸，等到法國強占廣州灣後，英國認為威脅到了香港的安全，便立即以南拒法國、北阻俄國為理由，向清廷強行要求擴大香港殖民地。香港本島面積不大，長約 16 公里，寬則在 3 公里到 8 公里之間，無法滿足

英國對遠東發展的需求，因此在《北京條約》中又規定割讓九龍的條款；然而九龍僅有 9 平方公里之大，加上香港的總面積也不足 100 平方公里，仍然有限。此次英國要求的擴地是後來被稱為「新界」的地區，自深州灣至大鵬灣北岸，沿著深圳河與中國為界的一大片地區，面積約有 940 多平方公里，比香港本島大了 10 倍。清廷無力拒絕，乃於光緒二十四年 (1898) 四月間與英國簽訂《展拓香港界址專條》，租期為九十九年，原約規定中國仍可享有該地區的行政權與司法權，但後來因為英軍以武力鎮壓反抗居民，逐出中國海關人員與其他官員而管轄了全境。英國擴展香港領域後，又強迫清廷簽下《訂租威海衛專條》，取得威海衛海灣連同劉公島沿岸十里寬地段的租借權。另外又強令清廷公開宣布長江沿岸各省，今後不再租借或讓與其他各國，等於劃定長江流域為英國的勢力範圍。

日本雖從《馬關條約》中取得了無數的中國權益；但是在西歐列強各劃勢力範圍的時刻，眼紅且心有不甘，也在光緒二十四年 (1898) 要求清廷「聲明不將福建省內之地讓與或租與別國」，清廷「無法拒絕」，於是日本乃以福建為其勢力範圍。

美國當時正與古巴、菲律賓發生戰爭，無暇也無力兼顧中國事務。等到太平洋戰事平定，夏威夷群島被兼併了以後，在光緒二十五年 (1899) 八月初，美國發表對中國的「開放政策」宣言。這個政策是要求列強各國承認各自在中國的勢力範圍，並開放這些勢力範圍，讓大家利益共享。由於美國提

出的這一政策，並不妨礙更不否認各國在華的既得利益，同時各列強還可以藉此一開放政策，更深一層地擴張勢力。另外各國之間也互存矛盾，中國反外排外的聲浪日高，大家妥協、互助才能享有在中國的權益，因此各國雖不滿意但仍接受了美國的這一政策，中國也得以暫時免於瓜分之禍。

甲午戰爭以後到美國宣布門戶開放政策的這一段期間，列強各劃勢力範圍，瓜分中國，清廷何以唯命是聽，任其宰割呢？清廷日益腐敗，國勢日衰固然是主要的原因，而當時的維新運動與政黨鬥爭也是清廷不能全力注視外務的另外一些因素。自鴉片戰爭以來，不少有識之士便高呼「師夷長技以制夷」，但是此番高論未受多人重視，直到英法聯軍再敗之後，清廷才倡行「自強運動」，引進西方科技知識，舉辦各類軍工業、礦業、留學等新政。然而「自強」的內容有侷限性，而且深度不夠，所以甲午一戰，使這三十年仿行西方的努力毀於一旦，於是又有一批具有愛國與改革思想的人士，羨慕日本的富強，以為君主立憲甚於百萬雄兵，乃大肆提倡政體與法制的改革運動，康有為等人的維新變法運動於是應運而起。光緒皇帝很贊成康有為、梁啟超的主張，「毅然而有改革之志」，光緒二十四年 (1898) 四月乃下詔「明定國是」，開始維新政制。但是當時慈禧太后仍握有實權，與皇帝明爭暗鬥，加上包圍在太后身邊的滿洲守舊人士，擔心「改革者漢人之利也，而滿人之害也」，而維新人士中也確有反滿人士，有誓言殺滿洲「以泄萬民之恨」的。維新人士見新政推行處處受阻，乃有「圍園劫后」捕殺慈禧以根除障礙的計畫，守舊派

兵權在握，先發制人地發動了「戊戌政變」，使新政推行百日就夭折了。

慈禧太后在政變後曾有廢弒光緒皇帝之意，但因受挫於外國的阻力與部分重臣、紳商的反對而作罷。後來她又想先立溥儁為儲貳，再代光緒帝為君的「徐承大統」計畫，但是又遭到駐京外使的不認同以及一些疆臣的聲討。加上康、梁受外國保護逃亡海外，不時發表辱罵慈禧的文章，因此太后憎外仇外的情緒大增。正在此時，「扶清滅洋」的義和團出現了，慈禧太后不顧實際，決定了「招團禦侮」的政策，結果引起八國聯軍的攻陷北京，造成史無前例的大國難。

列強在中國劃分勢力範圍時，有些還是以「保護中國」或「南拒法、北阻俄」的藉口與中國訂約，美國的開放政策表面上也是使中國免於瓜分之禍。事實上，他們是互相鬥爭，或彼此勾結而後達成的妥協，不是真正為中國著想來解決中國問題的，因此這種勢力分配無法維持很久，在門戶開放政策宣布九個月之後，中國政爭引發的問題，以及人民大眾仇外的情緒，凝結成了一股大力量，對外國進行討伐，而英、俄、德、法、美、日、意、奧八個國家的聯軍也就及時組成，共同向中國開戰了。中國久已「兵弱財窮」，當然不是聯軍的對手，戰敗是必然的，簽訂更嚴重喪權辱國條約也是必然的。條約簽訂於光緒二十七年 (1901) 辛丑，所以史稱《辛丑和約》。

《辛丑和約》根據〈議和大綱十二款〉議定，主要內容約有：賠償兵費銀四億五千萬兩；毀大沽至北京沿途炮臺；

拓京師各使館地界並增兵保護使館；仇教各府縣停止文武考試五年；懲辦罪魁、遣使道歉；改總理衙門為外務部等項，其中遣使向德國與日本道歉，並為德國公使與日書記生遭殺而立碑，仇教各府縣停辦考試以及汙瀆或挖掘外人墳墓賠款立碑等事，令國人極為反感，憎恨政府的懼外媚外行為。尤其戰後慈禧太后又下詔罪己，使政府與統治者的威信盡失。另外，北京至山海關沿途以及北京城內使館區准許外國駐軍，北京至大沽口一路的炮臺全部削平，這些都使中國主權喪失，也使北方地區門戶洞開，毫無國防可言。至於賠款數字龐大，為歷年罕見。賠款四億五千萬兩，三十九年還清，利息四厘，共為九億八千萬兩，又有其他賠款，總數達十億之多，相當於當時清廷十個財政年度的總收入。直接影響國家財政與人民生活，更使中國受害無窮。

　　綜觀光緒一朝，清廷與列強所訂的各種條約，實在是件件不平等，處處喪利權。除割地、租借港灣、外國駐軍等使中國門戶大開，全無國防可言之外，列強在中國的經濟剝奪更是可怕。西歐早年要求開埠通商原是推銷他們的商品，可是後來卻變成向中國占領投資市場，輸出他們的資本，在中國內地各口岸設廠、採礦、築路，藉以獲得更高的利潤。根據專家們的統計，鴉片戰後至清朝覆亡，中國對外開放的口岸約有八十二處，其中六十處為光緒時所訂條約而增開，這六十處中的四十九處位於中國的內陸與邊疆地區。列強利用子口稅的實行，買辦商業高利貸網的建立，控制了內地的商業。《馬關條約》中規定外國人在中國內地口岸都能設廠，更

使中國人民受到的剝削與奴役加重加深。列強又可以在中國修築鐵路、有投資與管理權。開採礦產，更可獲取巨利，都令中國蒙受損失。據不完全的統計，到清朝末年，外人修築的鐵路已有三十多條，而取得的開礦權共有四十二宗，在在都說明了中國投資市場的被分占，寶貴資源的被掠奪。然而光緒朝列強危害中國經濟最大的事，莫過於賠款與外債。自鴉片戰爭以後，軍費與賠款成為清朝政府的沉重負擔，靠外債維持是必然的，到宣統之世，用於賠款的外債計七億二千萬兩，這其中多為支付《馬關條約》與《辛丑和約》賠款而舉借。外債以及外債所需付給的利息，便日甚一日地耗盡了清廷生存氣力，宰制了中國的財經命脈。

以上是清末七十年間對外交涉與簽約的一些大概，這些喪權辱國的條約，由《江寧條約》開其端，《天津條約》、《北京條約》壯其流，《馬關條約》與《辛丑和約》集其大成，帶給中國罄竹難書的災難。近代中國利權的淪喪基本原因，當然是列強的侵略所致，如果沒有外力入侵，中國不會喪失如此多的利權，中國人民也不會經歷如此多的苦難與不幸。但是中國在這半個世紀多的時間裡，帶著屈辱走進近代歷史領域時，在具體的過程中，也有值得檢討與省思的地方，我們不應忽略。例如：

第一，傳統中國的「夷夏之防」確是中西交往上的一項障礙。滿族及其先世因受中原文化薰陶已久，建立清朝後又承襲很多漢制，當然會具有傲視四夷的「天下」觀念與「以夏變夷」的價值取向。康熙皇帝深悉荷蘭習於海戰，因而想

聯合其勢力攻取臺灣。乾隆朝對廓爾喀用兵時，前線將官有奏報英國武器精良、優勝於清方。而在馬戛爾尼來華時刻，英使更違抗清廷禮儀，在熱河行宮萬樹園預習「萬壽節」典禮時並未行三跪九叩首禮。嘉慶朝英使阿美士德也為禮儀鬧到不歡而散。在在都說明了西歐國家已不是「天朝」的屬邦或邊夷了。但是清朝皇帝仍以夷人夷務視之，對西洋先進兵器仍看作雕蟲小技，大一統的觀念未嘗稍改。魏源是打破這種夷夏界線的先驅者之一，他提出「師夷長技以制夷」，希望當政者採取西洋的優良文化。其後馮桂芬更主張：「法苟不善，雖古先，吾斥之；法苟善，雖蠻貊，吾師之。」這些先見始終得不到滿意的回響。曾國藩是中興名臣，思想比同時人先進，並且還多年從事實際的「師夷長技」工作，最後他也只能在固守名教與學習西方的隙縫中找出路，採用了馮桂芬修正後的「以中國之倫常名教為原本，輔以諸國富強之術」說法，對外來文化作了劃界限的取捨，在不違反中國文化的原則下尋求革新。日後李鴻章說：「中國文武制度，事事遠出西人之上，獨火器萬不能及。」也是從「體用」準則上而發的。張之洞自居是曾國藩的傳人，他所提出的「中學為體，西學為用」，確實是具體化了曾氏的理念。由此可知，十九世紀西歐列強大舉入侵中國時，「夷夏之防」始終是存在的。反對外人駐京，反對外使覲見，都是夷夏觀念中沒有平等國交的表現。自強運動期間引進西方科技工業遠勝人文科學的內容很多，也是與「體用」劃界標準有關的。清末這種哪些可學、哪些不可學的西化態度，與清初有利則用、無利不用的

漢化態度大有不同，與傳統中國吸收外來文化的去蕪存菁也不一樣，這可能是成敗的關鍵所在。

第二，由於輕視夷人，強調「夷夏之防」，清廷主政者在春秋大義「大夫無私交」的觀念下，盡量不與西方接觸，盡量不學西方，盡量不求向外發展，結果對西方的隔閡愈來愈深，對西方的了解是混沌模糊。道光皇帝直到接受南京城下之盟前夕，還在問：「英吉利國距內地水程，據稱有七萬餘里，其至內地所經過者幾國？……該女主年甫二十二歲，何以推為一國之主？……至逆夷在浙鴟張，……係何人主持其事？……該國製造鴉片煙賣與中國，其意但欲圖財，或另有詭謀？」中國有如此主持大戰的統帥，戰爭如何能得到勝利？由於無知，主政者在對外交涉的想法與作法上就不免常有偏誤了。姑且不論楊芳的收集婦女溺器以「壓邪」來與英軍作戰，奕經的「四寅佳期」出擊，葉名琛「好符亂，信讖語」這些迷信不經的行事，就以咸豐皇帝在廣州城被英軍攻陷後下令羅惇衍「糾集團練」，想變中英戰爭為民「夷」戰爭，以及英法聯軍攻破大沽後，咸豐指示桂良等人「駕馭外夷」的訓令來看，也都說明了皇帝對英、法的了解不多，對如此重大的戰爭，可以說視同兒戲。

如果再深一層的以國際法與國際關係來探討，我們更能發現清廷臣工的無知無能。當時世界先進國家都承認使臣是代表一國元首或利益的專差，應享有對方尊重接納與治外法權。當英法聯軍進迫北京城時，怡親王載垣在通州與英方談判破裂，竟「羈留」了英使巴夏禮，這絕對是違反國際法的

行為。鴉片戰爭後交涉《江寧條約》時，英國人並沒有列「領事裁判權」在條約的文字中，因為外人進入別國犯罪，應遵守所在國律例制裁，這是一項常識。英國女王也曾說過，她的臣民應服從前往各該國的法律，如果犯法，女王對他們應得的後果，也不願袒護。可是無知的清朝君臣卻希望《江寧條約》是個「萬年和約」，為杜絕後患，主動在簽約後提出十二款補充交涉事項，其中有不少是中國本身的權利，無需與英國共商，就如領事裁判權，即在另訂的《虎門條約》中拱手讓給了英國人。後來清廷與各國訂約都有片面最惠國待遇的條款，因此所有僑居中國的外人都置於中國法律之外。租界的劃定也是一樣，英國人故意曲解《虎門條約》的原義，誘使清朝官員讓出權益，讓外國人治理中國部分土地，成為「國中之國」的列強殖民地。甲午戰爭前後，清朝君臣興起「聯俄制日」的不務實念頭，甚至與俄國簽訂密約，這更是對國際關係的無知鐵證，並且埋下日後日俄戰爭、九一八事變以及《雅爾達密約》等危害中國主權事件的肇因。總之，清廷的無知，特別對國際外交與法律的無知，不但抵禦外侮徒勞無功，反而帶給中國極大的苦難。

　　第三，人生不如意事常十有八九，國家也會遭逢動盪不安歲月。清朝自乾嘉以後，已進入中衰時代，內憂外患，紛至沓來，國家危機四伏，隨時有覆亡之虞；但是在危機之中，也充滿轉機，當事者如果應變得宜，危機可以化為轉機。只是轉機會消失在瞬間，而危機卻可延續下去。十九世紀中期以後，清朝顯然沒有利用好內外情勢，處理危機使國家得以

振興。

　　早在鴉片戰爭之前，先知者如龔自珍便敏銳地感到盛世不再，警告說「日之將夕，悲風驟至」了。他不滿執政者中「無恥者多」，乃辭官返鄉講學，希望把改革種子散播給年輕一代，他離開北京時寫下「落紅不是無情物，化作春泥更護花」的名句，但他在《江寧條約》簽訂前一年辭世了，而他想變成的春泥，也沒有使國家開放出富強的花朵。龔氏之後，又有一批像魏源、馮桂芬、王韜、鄭觀應等的愛國思想家，他們勇敢地呼籲學習西洋，甚至提倡「君民共主」，希望中國能轉弱為強；但是當時皇帝集大權於一身，任何他不允行的事都屬徒然。道光皇帝斥責讚揚西方先進科技的人「糊塗之至」，不作知恥明恥的改革，讓轉機擦肩而過，任危機一再加深。咸豐皇帝在位不久，又遇到全國性太平軍等的大動亂，他一心只想消滅內部足以推翻他政權的力量，卻以委曲求全的態度，用投降、簽約的方法解決對外問題，國家利權一再喪失，根本談不上化危機為轉機了。英法聯軍之後，清廷覺察到中國進入了世界舞臺，「稍變祖宗成法」是必需的，自強運動乃得展開。可是守舊的衛道人士認為，仿行西洋是「潰夷夏之防，為亂階之倡」，極力反對；而自強洋務的理論與內容又有侷限性，劃出「體用」的鴻溝，以致限制了學習先進科技的廣度與深度，使運動不能獲得全面的發展，轉機當然又消失了。光緒以後，列強侵華策略與目的都作了改變，有識之士雖然力求政體法制上的改革，謀求振興；但是清朝本身則有了皇室權貴之爭、滿漢種族之爭、中央地方之爭、清

流洋務之爭，亂成一團，大喪國家元氣，振衰起敝絕無可能，列強瓜分的危機反而形成了。蕭牆禍亂與外力侵凌終於使清朝走進了歷史。

我們回顧清末這段締約與喪失國家權益的往事，實在令人遺憾而又憤懣。

諸位先生、諸位女士，故宮博物院這次舉辦「從《南京條約》到日本投降史料特展」，我個人以為這不僅是近代中國珍貴原始文獻的一項難得公開展示，同時也讓我們從而了解百餘年來中國與人民所受苦難的由來，以及奮發力爭自由、廢除不平等條約的一段艱辛歷程。在國內呈顯亂象、外交受人打壓的今天，是特別具有意義。我個人除對故宮博物院主事先生們的深遠用心表示敬佩之外，更希望這次展出能引起廣大觀眾對國家事務的強烈關注與認真省思，記取過去失敗教訓，加強憂患意識，放棄私欲，團結奮鬥，為國富民強的未來共同努力。

（本文是國立故宮博物院所舉辦「從《南京條約》到『日本投降』的恥痛與奮發——中華民國力爭自由平等外交史料特展」專題演講講稿）

第 **七** 章

慈禧垂簾與清末政局

　　慈禧太后垂簾聽政是近代中國史上轉捩大事之一，也是關係著清朝存亡的一件大事。

　　慈禧生於清道光十五年 (1835) 十月初十日，她家原是鑲藍旗滿洲下的屬人，同治即位後抬旗為鑲黃旗滿洲。姓那拉氏，因為先世曾居住過葉赫，所以又被稱為葉赫那拉氏。她幼年生活在北京的一個官宦家庭，父祖幾代都做過官，只是官運都不亨通。她的曾祖父吉郎阿在乾隆末年曾任內閣中書，嘉慶時轉任軍機處章京，後調任戶部銀庫員外郎，嘉慶末年死於刑部員外郎任上。慈禧的祖父景瑞，曾任盛京刑部主事，道光中期回北京任刑部郎中，　多年不升官。　道光二十三年 (1843)，戶部庫銀虧空大案曝光，牽連到已過世的吉郎阿，景瑞是哲嗣，應負追賠責任，他代父賠償庫銀，由於家貲不豐，一度籌款不足而被繫獄兩年，後來由家人變賣產業財物，並向親友告貸，湊足了應賠數目的六成，景瑞這才得以出獄，恢復官職；不過當時景瑞已屆退休之年，不久便閒散在家了。慈禧的父親惠徵於咸豐二年 (1852) 任安徽寧池太廣道，其時

正值太平軍橫掃大江南北，惠徵在第二年三月「以攜帶餉銀印信避至鎮江」，被清廷開缺，他也因為這件事悲憤憂懼，最後客死江蘇鎮江府異鄉。慈禧的父祖輩們坎坷不幸的遭遇，相信深烙她幼小的心靈之中，這對她日後人格的形成、享樂的追求以及政權的奢欲必有相當影響。

一、發動政變取得權位

咸豐元年 (1851) 是慈禧一生命運最為關鍵性的一年，因為這一年清朝頒詔選拔八旗秀女，慈禧由鑲藍旗佐領恩祥選送入宮，第二年她以年輕貌美被咸豐帝看中，封為蘭貴人。咸豐五年 (1855) 她懷孕，六年生皇子載淳（即後來年號同治的清穆宗）。慈禧也因此晉封為懿妃，後再晉為懿貴妃，她當時才二十二歲左右。

慈禧真正的掌握政權，則是與咸豐十年 (1860) 英法聯軍進攻北京的戰爭有關。當時咸豐皇帝因京城局勢危急，便帶著后妃皇子，倉皇逃往熱河避暑山莊，把京師殘局留給他的六弟恭親王奕訢來處理。第二年七月，皇帝病逝熱河，他只有皇子載淳一人，本無繼承大位問題；不過載淳那年僅有六歲，而且六叔奕訢的聲望與能力都強，幼帝既然不能掌理政務，必然要作妥善安排。咸豐帝在臨死之前是否仿順治初年讓皇叔攝政、或是照康熙初年以大臣輔政等問題上，作過煩惱而又痛苦的考慮。最後他想出了一個新法子，即以肅順為首的八位親信大臣聯合贊襄政務，輔佐幼帝，但贊襄大臣擬定的大政文件還必須加蓋皇太后與皇帝的印信，才算合法。

如此既可杜絕恭親王插手中樞政權，同時又能防範大臣跋扈，篡奪皇權。這裡所說的皇太后是指咸豐帝嫡妻鈕祜祿氏，徽號慈安，因在避暑山莊住東暖閣，又稱為東太后。皇帝用印實際上是由他的生母那拉氏代行，那拉氏徽號慈禧，因住西暖閣，一稱西太后。由此可知，咸豐死後，清代中央所採行的是贊襄大臣與兩宮太后合治的一種特有制度。

然而在八大臣中，為首的肅順早在咸豐帝生前即與慈禧不和，甚至還有傳說肅順曾請求皇帝仿效漢武帝，將太子生母鉤弋夫人賜死的故事，想置慈禧於死地，因此他們兩人之間芥蒂很深。現在贊襄大臣又直接干預政事，影響慈禧獲取政權野心的實現，因此在不久之後，雙方就發生表面化的衝突了。慈禧找了一個御史董元醇上奏請皇太后垂簾聽政，肅順等大臣則「勃然抗論，以為不可」。甚至認為「請太后看摺亦係多餘之事」，並且斥責董元醇「妄議」，又以拒絕辦理一切公事相威脅。慈禧無奈，只得接受失敗，但暗中卻與在北京的恭親王奕訢祕密策動一場政變，以徹底消滅肅順一幫人的勢力。

恭親王奕訢因收拾京城內外戰亂殘局成功，以及與外國人建立良好關係，一時聲名大起。附和他的大臣很多，形成了一股政治勢力。慈禧與他取得聯繫，終於在咸豐十一年(1861)九月底發動政變，處死了肅順，賜死親王載垣、端華，其他大臣逐出軍機處。兩宮皇太后如願以償的垂簾聽政了，奕訢也成為議政王，出任首席軍機大臣，權勢之隆，不亞於咸豐時的肅順。

二、兩宮太后垂簾聽政

兩宮皇太后垂簾聽政是自咸豐十一年 (1861) 十一月初一日開始的。據當時人的描寫，聽政地點是在紫禁城的養心殿，簾子是用八扇黃色紗屏做成的，同治皇帝坐在紗屏前的御榻上，兩宮皇太后則坐在紗屏之後，恭親王站在皇帝左邊，醇親王奕譞站在右邊，協助處理政務，引見大臣。

兩宮垂簾聽政，按規定是慈安主大誅賞、大舉劾；而慈禧主判閱奏章、裁決庶政、召對臣下、諮訪利弊。事實上，東宮鈕祜祿氏對政治興趣不大，知識程度又不高，所以權力漸漸轉入慈禧手中。至於恭親王奕訢與慈禧，雖然他們合力打垮了肅順等勢力集團，但在政權的分配上很難雙方滿意，尤其慈禧想實際緊握帝權，因此在同治初年的短暫合作後，雙方的衝突開始了。同治四年 (1865) 二月間，在慈禧一黨人的指使下，翰林院編修蔡壽祺首先上疏發難，他參劾恭親王貪墨、驕盈、攬權、徇私四大罪狀。慈禧想藉以治恭親王重罪，但是奕訢「素為中外推重，又為夷人所信服」，想打倒他並不容易，最後只撤銷了奕訢議政王頭銜，令他威風大減，神氣沮喪。這次皇室權力鬥爭，儘管奕訢並未完全失敗，但他在慈禧面前，從此不再敢堅持己見，只有唯唯諾諾行事了。

按照清朝祖制，小皇帝到十四歲就算成年，便得舉行大婚典禮。同治帝生於咸豐六年 (1856)，同治八年 (1869) 滿十四歲，達到親政的年齡了。但是慈禧說他學業未成，延遲讓他親政，一直到同治十一年 (1872) 九月才為他舉行大婚，翌

年正月正式讓他親政。但即使同治帝親政，慈禧仍遙執國柄，暗中操縱。

　　同治十三年 (1874) 十一月初，皇帝染上了天花，病勢發展很快，十二月初五日載淳病逝養心殿。由於同治皇帝無子嗣，皇位繼承頓時發生問題。慈禧有心重新垂簾聽政，掌握政權，她於是不經朝臣會議，獨斷地立了同治帝的堂弟載湉為繼承人。她不顧一切選立載湉為君，主要的原因有：㈠載湉與載淳是兄弟輩分，載湉當時才四歲，慈禧可順理成章的以母后身分再度垂簾。㈡載湉的父親與咸豐帝、恭親王是同輩兄弟，他的母親又是慈禧胞妹，如此的親密關係，對慈禧來說是有利無害的。㈢載湉一旦承繼大統，其父醇親王奕譞的地位與權勢必然增強，慈禧正好可以利用他與恭親王對抗，她便可以更順利地把持皇權。總之，慈禧立載湉完全是為了一己私利，沒有想到清代皇位繼承的家法，更沒有想到國家的利益和前途。

　　載湉就是光緒皇帝，他即位初期，仍由兩宮垂簾聽政，不過慈安為人寬厚仁讓，深得軍機大臣們尊敬。慈禧雖大權一人獨掌，但慈安的存在對她還有著威脅感。光緒七年 (1881) 三月十一日，宮中突然傳出不幸消息：慈安暴亡。事實上，當天早晨慈安與光緒帝還召見大臣，處理政務，而慈禧確實臥病多日，死亡的卻是東太后慈安，而且在軍機大臣們入宮時，慈安已經小殮完畢了。同時「椒房無預其事者，眾嘆為創聞」。有傳說是慈安當日吃了慈禧送她的點心而遽然去世，此事雖無確證，姑妄聽之。然而揆諸慈禧為人，她詭

計多端，心胸狹窄，手段毒辣，為政治鬥爭，何事不能為呢？

慈安的暴亡固然令慈禧心寬了一些；但是恭親王仍在其位，仍有實權，這是多年來令她不快的事。

三、從聽政到訓政

奕訢自同治中期被慈禧的守舊勢力重重打擊之後，確已收斂了很多，事事都遷就慈禧；但是西太后卻在暗中籠絡一些並無實權但敢講話的中級官員，出面攻擊奕訢。這些敢講話的人多屬文人，以清流自居，不斷抨擊時政，而奕訢當時掌管軍機處，又兼主總理衙門，自然成為清流派攻擊的對象。

光緒十年 (1884)，歲次甲申，中法戰爭爆發，清流派的健將盛昱上疏，指責奕訢延誤軍機，導致戰爭失利。慈禧就憑藉這一份奏疏，降旨認定奕訢「因循日甚」、「謬執成見」、「昧於知人」，應予嚴懲，恭親王奕訢就這樣被「開去一切差役」。而且她又下令將全部軍機大臣罷免，一日之間，軍機大臣全數丟官，這是清代歷史上前所未見的事，史家稱為「甲申易樞」。

奕訢等人被罷黜之後，慈禧換了一批以禮親王世鐸為首的親信來主持軍機處，但暗中則以醇親王奕譞隱操大權。這樣安排，完全因為奕譞是光緒帝的生父，按制度是要迴避的緣故。

奕譞等控制軍機處期間，為了討好慈禧，不惜以重金來修建頤和園，甚至挪用海軍衙門經費，花費在園林的興建上。奕譞此舉也有為他兒子打算的私心，他想為慈禧建造一個退

休養老的優美環境，好讓光緒早日掌握理政大權；可是秀麗的湖光山色固然是慈禧所喜愛，但她更喜愛的是皇朝權柄。

　　光緒十二年 (1886)，皇帝已經十六歲了，超過了親政的年齡，慈禧覺得不能再垂簾聽政了，於是降旨說她將於明年舉行歸政大典，藉以看看各方的反應。奕譞非常了解慈禧戀棧貪權的心意，知道歸政會不利於光緒，他因而想出一個訓政的主意，請求延展歸政。慈禧如果一定在明年讓皇帝親政，奕譞認為也應該在處理軍國大政時，「先請懿旨，再於皇帝前奏聞」。後來甚至還制訂了一套〈訓政細則〉，明白規定慈禧可以合法控制朝廷大權。如此一來，皇帝親政而無真正實權，這當然是慈禧樂見樂聞的事。

　　經過兩年的訓政，光緒皇帝舉行大婚典禮，慈禧又表態將不再訓政；可是軍機大臣們又迎合她的貪心，呈上了一件〈酌擬歸政事宜摺〉，以合法化她永遠具有政府施政大權，歸政是名實不副的。

　　光緒皇帝多年來受制於慈禧太后，歸政後又不能行使皇權，只當個傀儡皇帝。尤其是他的大婚娶妻，慈禧竟不顧他的意願與喜好，硬將她自己胞弟桂祥的女兒定為皇后，而將光緒喜歡的長敘家的兩個女兒封為瑾嬪與珍嬪，這令皇帝十分惱怒。因此也更加深了光緒對慈禧的憎惡，彼此之間的政爭也益形尖銳了。

四、帝后的失和與鬥爭

　　帝后黨爭最激烈的表現是在中日甲午戰爭與康梁變法兩

件大事上。前者光緒力主向日本開戰，慈禧先是同意，後來卻為自己的六十大壽慶典等因而主和。後者皇帝想維新變法，徹底改革以再造國家；慈禧則為維護私利，反對變法，扼殺所有的新人新政。由於實權操在慈禧手中，結果帝黨失敗了，黨人非死即丟官或逃亡，連光緒皇帝自己也成為階下囚，被慈禧軟禁在南海瀛臺，慈禧則再度藉機訓政。

戊戌政變之後，清廷以皇帝的名義發出一道詔書，向天下人民宣稱自己身體不適，命令各省推薦名醫，京中與外省的不少高官、若干外國駐華使臣以及一些商界領袖，都相信這是慈禧想殺害光緒帝的一種先兆。於是大家紛紛對皇帝表示關注，也警告慈禧不得輕舉妄動，尤其是法國使臣堅持要派醫生入宮為皇帝看病。慈禧無奈，最後說光緒「身有痼疾，難於誕育」，替他立了一個「大阿哥」（繼承人），作為日後奪權的準備，但仍然得不到中外認同，令她十分氣惱。

自從慈禧接觸到政治以後，外國人似乎不斷的與她為難作對。英法聯軍逼她逃難熱河，失去夫君。她在與恭親王、光緒鬥爭時，外國人也出面多方干預，使得很多事不能如願以償。日本人又在她歡度六十大壽的前夕發動甲午戰爭，破壞了慶典的快樂氣氛。而外國使節與傳教士等人又公開營救康梁等維新黨人，讓他們安全逃亡海外，並不斷地作文辱罵她，在在都使她對外國人產生憎惡與仇恨。正在此時，義和團動亂發生了，慈禧認為這是天賜良機，她便利用義和拳民來排外了。

義和團是出自民間的一種排外愛國運動，也是一批迷信

的低層人民團體。慈禧原想利用他們的民氣來對付外國列強，為自己洩憤；但沒有料到弄巧成拙，反招來八國聯軍侵華的大災難。清朝在戰敗之後，只得向外國道歉、賠償，喪權辱國，向外國無條件屈服，簽訂內容無比苛刻的《辛丑和約》，使清廷威信盡失，進一步走向滅亡之途。

八國聯軍事件雖然給慈禧很深的刺激與教訓，也使她同意推行日後的立憲新政；不過她是在日益高漲的革命聲中，以及外侮日逼的形勢下才推行的。她對君主立憲並非有真信仰、真熱情，她只是將立憲作為鞏固皇權與對付革命的手段，所以立憲運動前進的步伐極為緩慢而不落實。

慈禧晚年，除立憲、革命等國內大事令她心力交瘁外，她的親信們之間的內鬥也教她痛苦萬分。例如軍機大臣瞿鴻禨與郵傳部尚書岑春煊聯合中外力量，意圖打倒首席軍機奕劻與直隸總督袁世凱就是一個顯例，這次被史家稱為「丁未政潮」，足證大臣們對慈禧已是離心離德，慈禧的統治基礎也有了鬆動跡象。

丁未政潮後一年，即光緒三十四年 (1908)，皇帝載湉在十月二十一日病逝，慈禧本人雖也染病數月，咳嗽、頭痛、腹瀉、臉腫已使她不成人形，但她仍打起精神，又立了溥儀為光緒皇帝繼承人，並以溥儀的生父載灃為攝政王。載灃是光緒的同父異母兄弟，溥儀的生母則是慈禧當年親信榮祿的女兒。慈禧如此安排，多少也是有著私心念頭的，在她辦完了「臨朝三度抱沖人」的大事之後，第二天下午她也神志昏迷，病勢危篤了，延至未時才結束了她貪權誤國的一生。

五、清朝的終結者

　　以上是慈禧太后一生大事的扼要敘述，從中我們可以了解，她從咸豐末年就已涉身於政治事務中，尤其在逃難到熱河避暑山莊以後，她「批覽各省奏章」，議論朝政得失，干預程度一定很大，不然元老大臣們不會請求皇帝將她處死。咸豐十一年 (1861)「辛酉政變」之後，她更在清宮裡舉行正式典禮，宣布垂簾聽政，合法地當起國家真正主持人，直到同治十二年 (1873) 皇帝親政為止。不過親政的皇帝並不能自己行使大權，慈禧仍在幕後操控，況且同治帝親政後一年多就病逝了，慈禧又得再度垂簾，掌握了國家最高權力。光緒十二年 (1886) 小皇帝雖已成年，慈禧仍貪戀權柄，又以訓政名義，繼續掌權。光緒二十四年 (1898)「戊戌政變」發生，她更幽禁皇帝於瀛臺，再行訓政，一直到她死亡一刻為止 (1908)。總計她垂簾與訓政的時間，前後長達四十七年。若以咸豐末年她就過問政事計算，說她影響中國歷史五十年，並非誇張之語。而鴉片戰爭到清朝滅亡的一段苦難歲月，不過七十年，慈禧專政時間竟占了其中的三分之二，她對國家民族命運的關係，由此可見其重要性。以下幾點簡要說明，也許可以作為例證：

　　第一，慈禧太后是個權力欲望極強的婦人，從她生下皇子載淳以後，由於母以子貴，她便開始干預政事。我們知道政治大權常是經由鬥爭得來，因而在她鈐用信符，垂簾聽政與最後訓政的一段期間，即不斷發生政治鬥爭，如辛酉政變、

參劾恭親王、甲申易樞、甲午戰爭、戊戌政變、丁未政潮等等，在在都說明了慈禧為爭權奪利而造成政局不安的事實。結果上下亂成一團，國家元氣大傷，這些皇室權貴之爭、滿漢種族之爭、中央地方之爭、清流洋務之爭，爭到最後也把清朝推向了歷史。

第二，慈禧太后掌權期間的一切行事多以她個人利益為先。例如她為同治與光緒兩位皇帝娶親，都不管當事人的意願，只顧她掌權，冊立與她有特別關係人家的女兒為皇后。結果弄得她的子姪婚姻不幸福，她與子姪的關係變壞，不但影響親情，也影響政局。又如她的學養能力都很差，卻一再垂簾、訓政，儘管有官方的詔書為她編造一些執政理由，但是眾人皆知她完全是在貪戀權位。如此國家主宰，怎麼能凝聚全國的向心力？其他如甲午戰爭、八國聯軍等大事件，她都是先主張開戰，然後又求和。開戰的決定既衝動又草率，政府與民間都無準備，又無信心，最後更因她的私利而乞和收場，國家卻受喪權辱國的傷害。她為一己私利而為國家掌舵，當然不能振衰起敝，相反地，使中央政權更加腐朽，更趨窳敗。

第三，慈禧太后對十九世紀的世界事務混沌無知，不說她不了解國際公法、國際條約，就連在她掌政時期簽訂友好條約的那些外國友邦，她對他們的地理位置、國勢強弱等事，也毫無認識。光緒以後，外國列強改變了侵華策略與方向，即不再以獲得政經權利為滿足，而以占領中國內地土地、獨占市場、採礦、築路為先，徹底宰制中國的新策略，慈禧更

是一無所知。如此國家領導，又怎麼不招來藩屬盡失、國土瓜分等災禍呢？

第四，慈禧太后對清末國家財政經濟方面的耗損，也應該負上最大責任。姑且不說光緒一朝農村因動亂影響生產的損失，戰敗後外國來內地設廠、開礦等使人民受到更深一層經濟剝削，以及她用在個人享樂修建三海與頤和園等地的工程費等事，即以對外戰爭賠款一項來看，數目就極為驚人。《辛丑和約》賠款四億五千萬兩，三十九年還清，利息四厘，共為九億八千萬兩，加上《馬關條約》賠款兩億兩，總數高達十億多兩，相當於當時清朝廷十多個財政年度的總收入。如此沉重的負擔，當然會耗盡清廷的生存氣力，扼殺了中國的財經命脈。

以上只是舉舉大者，其他不能一一贅舉了。慈禧太后前後掌權近五十年，這段時間不能算短，尤其是民族生命的光陰，更是顯得珍貴。慈禧以暮氣沉沉的步伐，遲滯地帶著國家前進，甚至有時還停留原地，為她一己私利，施展陰謀，從事政爭，置國家民族利益於不顧。反觀當時的世界，很多國家發展科技、繁榮經濟、改良政治，一切都在欣欣向榮。清朝滅亡，中國衰弱，這一切顯然是注定的。

慈禧給國家民族所造成危害實在既大且多，你能說她垂簾、訓政不是近代中國歷史的轉捩大事件嗎？

義和團與八國聯軍的因和果

　　西元 1900 年，歲次庚子的清光緒二十六年，中國發生了翻天覆地的義和團與八國聯軍大事件。華北很多地區被鬧得雞犬不寧，首都北京也被外國軍隊攻陷了，慈禧太后與光緒皇帝西奔逃難。這一動亂造成很多中國人民生命財產的損失，也使得清朝進一步走向了滅亡。

一、慈禧太后的仇外心理

　　為什麼會發生這樣的不幸事變呢？在清廷做過官的中外人士中，有幾位作過相似的推論。例如曾任總理衙門章京的張元濟說：

> 西太后恨外國人入骨，以後所以激成義和團「扶清滅洋」之變，二者之間是有因果關係存在的。

　　在內閣擔任過侍讀學士的惲毓鼎則更深入指出：

> 甲午之喪師，戊戌之變政，己亥之建儲，庚子之義和
> 團，名雖四事，實一貫相生，必知此而後可論十年之
> 朝局。

還有英國人濮蘭德 (J. O. P. Bland) 和白克浩司 (E. Backhouse) 在他們所著的《慈禧統治下的中國》一書中也說：

> 因戊戌政變而有庚子年拳匪之亂，因果遞相銜接。

顯然當時的中外人士都認為義和團與八國聯軍不是偶然發生，而是與甲午戰爭、戊戌政變以及己亥建儲等等事件有因果關係，尤其是與慈禧太后的仇恨洋人有關。

慈禧太后仇恨洋人也許可以從兩個方面來解釋。第一是她仇恨列強不斷地對中國進行侵略。自鴉片戰爭以後，外國人即以船堅炮利的優勢侵華，開商埠、訂條約、割土地，歲無寧日的從中國得到很多政治與經濟上利益。尤其到中日甲午戰爭之後，列強改變了侵華的策略與方向。他們對中國內地產生了興趣，大家都想占據中國內地港口、土地，獨占市場，取得採礦與造鐵路的權利，希望進一步並深一層的宰制中國。更可怕的是列強後來又在中國掀起瓜分狂潮，英國將長江流域、法國將兩廣和雲南、德國將山東、俄國將東北、日本將福建作為他們各自的勢力範圍。眼見中國面臨了大災難，身為執政的慈禧，當然對洋人十分憎惡。

第二，她仇恨洋人是與自身的遭遇有關。自從她被選入

清宮後不久，就遇到英法聯軍的戰役。京城淪陷了，圓明園被毀了，她陪著咸豐皇帝逃難去了熱河避暑山莊，皇帝最後死在行宮，對她而言，確有家破人亡之痛。同治繼承之後，她與恭親王奕訢鬥爭時，洋人又都支持奕訢，使她的奪權計畫不能完全如願。光緒以後，外國人對她更是不友善，在她六十大壽前夕，日本發動甲午戰爭，破壞了原本極為歡樂的慶典氣氛。她打擊維新人士時，英國和日本又出面營救康有為與梁啟超，並保護他們在海外以文字或演說來口誅筆伐她，無情的對她羞辱。戊戌政變之後，她想廢掉光緒皇帝，洋人又為自身既得的利益而群起反對。她想為光緒立一位繼承人，作為奪權的準備，列強又以不道賀來表示不贊同。這所有的一切，都令她惱恨萬分，似乎洋人是天生與她為敵。

　　就一個人的感情來說，慈禧的仇洋仇外，是可以理解的。她後來向列強宣戰，要與八國聯軍「一決雌雄」，確是有相當原因的。

　　然而，光緒二十六年 (1900) 發生的義和團事件與八國聯軍，假若只以慈禧的這些仇外因素來解釋也是不夠周延；我們還應該看看另外一些更重要的因果關係才是。

二、義和團興起的背景

　　由於列強與他們的文化來到了中國，給中國社會帶來很大、很多的改變。動亂使得農村的耕作不能順利進行，勞動人口也因之流失。農村經濟既受到影響，農民的生活當然就日益窮困。加上工業化的西洋文化，逼使傳統中國農村社會

轉型，要中國農民從自然經濟與宗法社會走向現代化，必然會遇到抗拒。像對新式機器生產視為不祥與有傷風化，對開礦築路認為會驚擾神明祖先等等，都曾被人民竭力反抗。而知識程度不高的農民，相信生活的不安與窘困，都是肇因於神明祖先未能庇佑，因此洋人的入侵是最大禍因。

洋人因五口通商與在內地設廠生產貨物，使得中國商品與農村手工業產品失去競爭能力。在洋貨大量傾銷之餘，中國本土商業顯然會走上蕭條的道路。商人對洋人與洋貨也是全無好感。

更令中國人民不滿的是西洋宗教以高姿態傳入。鴉片戰後的西教再東傳是以槍炮為後盾來到中國，他們的洶洶之勢充分表現了強制性與征服性。當時列強教士在華有相當的特權，他們不但任意地開堂傳教，侵占民地，甚至還干預地方行政，包攬民間訴訟。他們糾合政經宗教利益於一身，構成擾亂中國傳統社會秩序的力量，也威脅到不少中國人切身的利益。這些洋教人士又常唆使教民，「欺壓農商，魚肉鄉里」，因之「人民怨極，群思報復」。洋教士與教民又「嘲弄侮詈」中國人崇拜的神明與祖先，使中國人在情感上有受到褻瀆的感受，因而對洋人洋教憤怒異常，教案的發生自是意料中事。

清朝各級官員原本應該保護人民，應該設法改善人民的生活；但是洋教、洋商因有他們本國的外交官員與船炮作靠山，而肆無忌憚地為所欲為。使得中國官員不敢與他們對抗，只得倒行逆施地壓制自己同胞，對洋人作各種讓步，這也是一般人民仇外又恨官的真正原因。

　　從以上簡單敘述，我們不難看出當時中國農民、商販、手工業者、勞工以及一般市民，其中有不少人感受到生活大不如前。而這一切又都與洋人的到來有關，大家有仇洋排外的心理是很自然的事。

　　中國華北農村，人民生活比較清苦，而民性又剛烈，地方不安的情況就明顯凸出了。現在且以山東一地為例，略作說明。在甲午戰爭以後，日本與英國相繼占據了威海衛，德國也占據了膠州灣。德國搶修鐵路，開發礦山；英國強占民地，都使人民深受其害。加上西洋教士圈地建堂，包容無賴欺壓善良，州縣官員又與他們勾結，真是民不聊生。從光緒二十二年到二十五年 (1896–1899) 之間，山東曹縣、單縣、巨野、壽張、濟寧、成武、沂州、平陰、肥城等地，人民為了自救，便在地方性祕密結社的基礎上，發展成若干個設廠練拳的組織。這種號稱為義和拳的組織後來變得相當嚴密，有在上的老祖師、大師兄、二師兄，以及下設的總辦、統領、打探、巡營、前敵、催陣、哨隊等名目。戰時十人一班，設班長；十班為一大隊，設百長。又將婦女編成紅、藍、黑、青不同的「燈照」，因而不少男女老少都被這種組織吸引加入了。「滅洋人、殺贓官」的動亂事件也就時有所聞。

三、清廷對義和團的態度

　　義和拳組織不僅在山東一地存在，在當時的直隸、河南、山陝，甚至黑龍江、蒙古等地也有人民設廠練拳，各地發展的情形，與地方對付拳民的政策有關。以山東省來說，從李

秉衡、張汝梅，到毓賢這幾位巡撫大吏，大體上是採取時撫時剿，只是在程度上有些不同。他們在民、教衝突沒有太激化時，總是主張「持平辦理」、「秉公開導解散」；但是當衝突嚴重時，官員們一定「嚴飭地方官認真彈壓」，最多在彈壓時「分別良莠，拿首解從」。官員們不敢得罪洋人，因為外國公使會在京城裡向總理衙門施壓，正如張汝梅有一次向總理衙門抱怨說：「地方官一遇教案，非偏袒教民，即受譴責，所謂持平辦理，已行不下去。」山東的巡撫們也曾想到「改會為團」，以收編拳民「意味寓兵於農」，作為日後「備禦侮之用」。可是甄別的工作極難，而拳會刀社在未被收編前即已在「奉旨練團」的旗號下，像似有了合法的地位，大肆擴張勢力，甚至到各處反洋鬧教，地方官根本無法控制。這也是後來外國人要求清廷撤換某些地方大吏的原因所在，袁世凱就是在這種背景下而被任命山東巡撫。袁世凱被人以為「素日以威猛為能，以殺人為快」，他就任山東巡撫以後，嚴加禁止拳民非法活動。尤其到外國軍隊從大沽口登陸之後，他在山東動員軍力，一齊撲向拳民，血洗不少村寨。據可靠資料所記，僅在曹州府各屬，就有一千五百名拳民被殺或被捕，很多大小拳廠都被毀平，山東拳民也因而多向直隸遷移了。

　　與山東類似以鎮壓拳民為主的地方還有陝西省，巡撫端方也是「三令五申，飭令力護」教堂。凡有教案發生，他不但立即下令彈壓，並撤換地方官以示懲罰。正像袁世凱一樣，他也得到外國人的讚揚。也有一些省分，官員多支持拳民，如直隸、蒙古、黑龍江、山西、河南等地，當官的支持拳民，

為的是想利用拳民來對付洋人。也有的是為迎合慈禧太后的心意，像河南巡撫裕長就「召集（拳民）成團」，「親自檢閱」，以致「省中習者已遍街衢」。因此在這些省區，義和團得到了迅速發展的機會。

如前所述，慈禧太后十分痛恨洋人，而拳民專殺洋人，專毀教堂，仇視一切西洋事物，因此拳民的行為在慈禧心中已被默默地讚許。利用拳民來抵禦洋人與報復洋人，自然成為她的願望。

光緒二十六年 (1900) 春天，山東的大股義和團進入了直隸，很快發展到了北京附近的高碑店。五月間與官軍發生衝突，殺了副將楊福同，進攻到了豐臺，焚毀了慈禧和光緒的龍碑。北京城裡也出現了傳單，斥責朝廷與官吏「羽翼洋人」，聲言要「剪草」、「除根」。六月中旬，義和團進入了北京。事實上，「自三、四月間，都城即有聚習拳棒之事，猶屬閭巷幼童」；可是六月以後，「外來拳民，居然結黨橫行」。大臣向慈禧建議「拳會蔓延，誅不勝誅，不如撫而用之，統以將帥，編入行伍，因其仇教之心，用作果敢之氣，化私忿而為公義，緩急可恃，似亦因勢利導之一法」。慈禧認為可行，無異認定了義和團的合法地位。一時北京城裡貴胄兵民，積極入團，迅速發展到一股十幾萬人的力量，義和團於是控制了北京城。

在京城與直隸省內的義和團總人數後來多達四、五十萬人，他們高呼「扶清滅洋」的口號，嚴重影響到洋人的在華利益以及他們的生命安全。英、美、法、德四國公使聯合照

會清廷，限期剿除義和團，否則他們將派兵來「代為剿平」。當時清朝君臣中有兩派勢力存在：一派是以慈禧為首，包括掌握軍政大權的官員如載漪、剛毅等，企圖利用義和團來反外仇洋，達到鞏固統治的目的；一派是光緒、袁世凱、張之洞等人，主張鎮壓拳民，使外國人失去武裝干涉藉口，保證京師與皇宮的安全。從光緒二十六年 (1900) 的五月二十日到二十三日之間，慈禧太后曾在儀鸞殿內召開了四次御前會議。儘管光緒皇帝與大臣袁昶、許景澄、立山、王文韶等人都認為拳民的法術不可恃，不主張對外戰爭。但是慈禧太后在端郡王載漪等人支持下，終於強行對外宣戰。同月二十五日清廷頒布諭旨：聲稱「與其苟且圖存，貽羞萬古，孰若大張撻伐，一決雌雄」。清朝與八國聯軍的大戰便爆發了。

四、清廷與聯軍的「戰爭」

事實上，聯軍在御前會議前就在大沽口登陸了。後來發動攻擊，進犯天津，清軍將領聶士成陣亡，官兵拳民死傷很多。其後聯軍約有兩萬人攻陷楊村，直隸總督裕祿自殺。七月以後，十幾日之間，聯軍分兩路向北京進發，一路連敗清軍拳民，克北倉、陷河西務，統制大軍的李秉衡敗死，七月二十日八國聯軍侵入北京外城。

在北京城裡，自從清廷向外國宣戰之後，各處傳來的戰報消息都多為失利。慈禧的信心開始動搖，她為預留後路，一方面通過外交途徑向各國使臣解釋宣戰苦衷，並答應一定「設法相機自行懲辦」義和團群眾。另一方面她對拳民作了

限制，命令載勛、剛毅等人統率義和團，並制定「團規」，凡違規的都視為「假團」、「團匪」，格殺勿論。後來她又下令不許各地拳民進京，並調派京中拳民出外參戰，以削減北京城裡的拳民勢力。至於進攻外國使館與北京著名西什庫天主堂的清軍與拳民，由於不准使用重炮等武器，加上榮祿等高官又在慈禧默許下暗中經常給洋人各種接濟，所以使館被攻了五十六天，天主堂被攻了六十三天，始終都不能得手。拳民只好以血肉之軀，憑著不可信的法術，迎向外國人的子彈，成了槍下亡魂。由於拳民與清軍都不是八國聯軍的敵手，北京終於陷落了。慈禧帶著光緒與親信大臣在洋兵入京當晚，狼狽地喬裝為平民溜出了京城，西奔逃難了。留下少數臣工在京辦理善後，收拾殘局。

清廷在北京對外宣戰後，全國各省理應遵旨一致對外發動戰爭。可是兩江總督劉坤一、湖廣總督張之洞、兩廣總督李鴻章等人為首，聯絡了東南地方疆吏，採取了抵制的態度。他們認為宣戰詔書是「矯詔」，斷不奉行。他們在管轄的省區內鎮壓拳民，保護洋人使館教堂，而與洋人和睦相處，這一奇特局面，史稱「東南互保運動」。

東南各省雖因互保而沒有遭逢到兵災，但直隸與東三省卻受到戰爭的蹂躪，人民死傷慘重，財寶損失無數。慈禧一行則由懷來、太原至西安，居住達一年之久，眼見外國聯軍無法擊敗，只好急電奕劻與李鴻章加緊與外國談判，並訓令他們「可成不可敗」。庚子年底，洋人提出一個苛刻無比的《議和大綱》，通知李鴻章等「無可更改」。慈禧聞報之後也

只好說：「應即照允。」後來更指示要「量中華之物力，結與國之歡心」。經過數月交涉準備，終於在光緒二十七年(1901)七月與德、奧、比、西、美、法、英、義、日、荷、俄等十一國代表簽訂了喪權辱國的《辛丑和約》。這份條約共十二款，正約之外還有十九個附件。其中最重要的有賠款四億五千萬兩；削平大沽及京津一帶炮臺；北京使館區各國可派兵留駐；北京與山海關之間十二處要地准外國駐兵；嚴懲官吏；改總理衙門為外務部等等。洋人於簽約後開始撤兵(東三省俄軍另有糾紛)，慈禧太后等也在同年十一月底回鑾返京，這才結束了一場堪稱兒戲的大戰役。

從義和團與八國聯軍戰役中暴露了不少民間與官場的內幕真相，也透現了一些晚清政治上的危機。現在略舉數事，以作說明，並為本文的結語。

五、官場的醜態

首先我們可以看出義和團確是一些人為了求生存、禦外侮而自發興起，也是下層民眾、官紳士人與朝廷權貴三種不同社會層次力量的匯流。他們有希望與憧憬、憤怒與沮喪、歡樂與痛苦。下層的命運是可悲的，而上層的企圖是可恥的。尤其慈禧對拳民的態度由彈壓變寬容、變招撫、變遺棄、變剿滅，真是現實卑鄙，神人共憤。若是更深一層觀察，更可以發現這些拳民的活動是反映農民與小民工業生產者，在工業化、近代化與西洋武力侵凌下的一種反動，一種怒恨；體現了傳統中國農民對現代西洋文化的抵制與對抗。拳民認為

洋人的一切都須破壞銷毀,所謂義和團「最惡洋貨,如洋釘、洋磁盆,見即怒不可遏,必毀而後快」;「閒遊市中,見有售洋貨者,或緊衣窄袖者,或物仿洋式,或上有洋字者,皆毀物殺人」,仇洋程度,十分可怕。由於仇恨洋人洋貨,甚至連洋人的制度也被視為絕不可行,當然提倡維新的人士也被仇視了。在拳民張貼的標語中有「賊子通洋保國會,不久落頭歸陰城」等的咒語。他們把光緒皇帝、李鴻章、奕劻等人目為「異類」。《庚子國變記》中說:「義和團既藉仇教為名,指光緒帝為教主,蓋指戊戌變法效法外洋,為帝之大罪也。」也有人直呼光緒為「二毛子」,由此也可以了解一些戊戌政變與義和團的因果關係。

同樣在庚子年的大事件中,我們也能夠對晚清官場人物的愚昧與卑劣品格得到進一步地了解。慈禧在宣戰後除了以兩面政策來對付拳民、保護自己以外,她在宮中每天早晨念誦咒語七十遍,還下達過懿旨命五臺山極樂寺住持普濟,「聯屬義和團民設法禦擊剿辦,滅此凶夷」(按指天津洋船洋兵)。鬼神迷信也隨著戰爭失利而彌漫於各王府官邸,載漪等人也穿起義和團服裝,學著念咒請神。醇親王載灃則扶乩問卜:問遷都、問何時洋夷滅、問西什庫教堂何時可攻破,從詭祕的乩語裡尋求精神慰藉。河南巡撫裕長則不作軍事準備工作,只忙著籌措千金,作巡撫衙門「焚香焚表之費」。官場真可謂胡鬧不堪了。

在聯軍侵華期間,官員的各種醜態也都原形畢露。剛毅在天津失守後「放聲大哭」;不少官員聽到「遷都」、「西狩」

的風聲也「絡繹不絕」地紛紛外逃；直隸布政使廷雍率僚屬
「歡迎」聯軍入城；盛京將軍增祺則與俄軍私簽奉天殖民地
化的《奉天交地暫且章程》；全權大臣李鴻章暗中向俄帝「輸
誠」；榮祿「於三省之讓毫不介意」；奕劻、王文韶等則在和
談時經常置身局外。甚至還有一些大臣在國難當頭時，「仍向
西城妓館買妾」。更無恥的是北京陷落之後，有些八旗子弟
「得日本寵，直以日本之新民自居」，「為子取號東民」。類似
的事例很多，不能列舉。

六、加速清朝的覆亡

最後我們再就拳亂與聯軍事談談清朝政治的危機。最明
顯的危機可以從兩方面看：一是清廷的威信掃地。在帝制時
代，皇權是至高無上的，諭旨比法律還更具威權。然而清朝
自鴉片戰爭後，接連與外國簽訂喪權辱國的條約，使朝廷與
皇室顏面無光。到慈禧干政之後，又因為她一己私利，發動
過多次政爭，使得政局更為混亂，皇權大受侵害。庚子年她
又利用拳民排外，並無知的與列強開戰，結果喪師喪財，人
民塗炭，逼得帝后下詔罪己，當然在一般臣民的心目中，皇
室與朝廷的威望就更形低落了。以「東南互保」為例，南方
的封疆大吏竟敢不奉詔參戰，而且為「矯詔」，帝后的權威顯
然已經不存了。而且在經歷聯軍的大劫難之後，北方政壇上
有權勢的王公親貴人臣多被殺或被抓，集團勢力大為減弱。
東南地區陳兵自保的洋務派大臣，卻在戰後有些進入了朝廷
中樞，負擔重任。他們比較清醒地了解時局的危急性與緊迫

性，因此主張加大、加快改革的腳步，這無異對滿族統治地位造成進一步的危機。

　　另一大危機是來自《辛丑和約》。本約條款中充滿了朝廷懼外與媚外的文字，令國人極為憎惡。而賠款四億五千萬兩，分三十九年還清，加利息之後，共為九億八千萬兩，相當於清廷近十年的財政年度總收入。如此龐大經濟負擔，宰制了清廷的財經命脈，也耗盡了清廷的生存元氣。至於北京至山海關沿線以及在北京城裡使館區准許外國駐軍，北京至大沽一帶炮臺全部被削平，則更使中國主權喪失與國防門戶洞開，直接影響到政權的存在。

　　總之，義和團與八國聯軍是甲午戰爭與戊戌政變等事件種的因，甚至可以說是清廷多年來守舊與無知種下的因所結成的果。而慈禧在庚子年事變中種下的因，則為清朝的加速覆亡結了不幸的惡果。佛家語有云：有因必有果，循環不失。證諸清末史事，似乎也能得到應驗。

第  章

戊戌變法與帝后黨爭

　　進入十九世紀，清朝的衰亡徵兆益發顯著，其後又歷經鴉片戰爭、英法聯軍之役以及太平軍、捻軍等的動亂，國家更是元氣大喪，清朝幾乎瀕臨覆亡的境地。然而這個腐敗政權卻奇蹟似的在內憂外患中生存了下來，只是根本的問題並沒有解決而已。

　　當時最重要的根本問題一是列強的侵略，一是內廷的政爭。列強的侵略自十九世紀六十年代以後，無論是在本質上或是方式上都起了變化。原先是商品輸出的侵削，一變而成為以資本輸出來中國謀取更大更多的利益。列強也以帝國殖民主義者的姿態來中國強索土地與主權。中國的藩部備受侵擾，屬國紛紛脫離宗主關係，連本土也有被瓜分豆剖之勢，直接威脅到清朝的生存。內廷的政爭則自同治皇帝繼位前後日趨激烈。先是「辛酉政變」，接著是恭親王奕訢罷「議政王」職、安得海事件、天津教案、重修圓明園之爭等等，在在說明了內廷充滿鬥爭，而慈禧與恭親王奕訢顯然已成為敵對雙方的首腦人物。

一、光緒的即位與「親政」

　　就在這樣內外不安的情勢下，同治皇帝病逝了，年幼的
光緒帝則不幸成了慈禧陰謀活動的工具，登基做了清朝入主
中原後的第九代國君。慈禧是同治帝的生母，同治生前無子
嗣，死後慈禧一意孤行，立了同治帝載淳的堂弟載湉為繼承
人，可以說是兄終弟及，不是父子相承。慈禧為此決定一則
是以載湉為君，她仍可以皇太后身分聽政，再則載湉生母是
慈禧的胞妹，關係自然不同於別人，慈禧之立光緒，完全是
為一己的利益打算。

　　載湉入繼大統時才四歲，當然由慈安與慈禧再度垂簾聽
政，雖然有「一俟皇帝典學有成，即行歸政」之語；但是慈
禧權力欲強，而且心胸狹窄，因而宮廷鬥爭層出不窮。同治
帝的髮妻孝哲皇后在同治死後的七十五天吞金自殺，光緒七
年 (1881) 三月十一日慈安無病暴亡，似乎都與慈禧有關；而
光緒十年 (1884) 再次罷斥奕訢，演出「甲申易樞」的大戲，
更是慈禧的得意傑作。排除了這些宗室親貴的勢力之後，慈
禧的權勢日隆，行事也愈加專橫，可是隨著光緒皇帝的日益
長大成人，慈禧也愈來愈感到自身權力受到威脅，光緒帝與
她之間發生鬥爭也是無可避免的事。

　　光緒十二年 (1886) 六月初十日 ，慈禧在朝野輿論壓力
下，頒降了一道懿旨，聲稱皇帝已成年，決定「明年舉行親
政典禮」。光緒帝的父親奕譞追隨慈禧多年，知道這位皇太后
嗜權如命，為了他的兒子著想，他乃聯合軍機大臣一同上奏，

請求慈禧「再行訓政數年」。慈禧當然「俯順下情」，再對光緒帝「隨時調護，遇事提攜」了。不但如此，皇太后在不久以後，又將自己弟弟桂祥的女兒配給光緒，立為皇后，以便日後進一步控制光緒皇帝。

光緒十五年 (1889) 正月，皇帝大婚，理應是親政的時候了；可是慈禧又暗中令奕譞等人上了一份〈酌擬歸政事宜摺〉，提出每天皇帝批閱各衙門的奏事之後，仍須「恭呈皇太后慈覽」，才能作最後決定。如此一來，「皇上雖有親政之名，而無其實，一切用人行政皆仍出西后之手」，光緒帝成了十足的傀儡國君。

這種情狀使得年輕的光緒帝不能甘心，皇帝周圍的臣工們也為之憤憤不平。為時不久，帝黨的小集團逐漸形成，他們希望能幫助皇帝脫離西太后箝制。不過，皇帝一黨的核心人物不多，除了位高權重的翁同龢、李鴻藻以外，尚有汪鳴鑾、長麟、志銳、文廷式、李文田、陸寶忠、沈曾植、盛昱、張謇、丁立鈞等人。這些成員之中，多半是臺諫與詞館的名人，是些無權的清客。比起西太后一黨的軍機大臣孫毓汶、徐用儀以及直隸總督李鴻章，還有眾多的六部九卿大官、封疆大吏來看，力量顯得薄弱很多，雙方黨爭的勝負也可以預卜出來。

二、甲午戰時的帝后黨爭

帝后兩黨衝突的表面化開始於甲午戰爭。光緒二十年 (1894)，日本在朝鮮發動侵略，中國因宗藩邦交而介入，光

緒帝為保衛國家，決定積極抵抗。慈禧最初雖也認為日本國小，不足畏懼，但是她的基本心態是與后黨諸大臣一樣的因循苟且。加上甲午年是她六十大壽，發生戰爭必然會影響慶典，因此她的反戰是可以想見。另外后黨中的地方實力派如李鴻章等，他們為保存一己實力，力主妥協退讓，想從和談途徑解決爭端。特別信賴英、俄等國，希望這些外國出面，牽制日本，化解戰爭，這是所謂的「以夷制夷」策略。光緒帝則以為應當立足本國，「不宜借助他邦，致異日別生枝節」。由於雙方理念不同，在作法上當然就不能一致，甚至發生齟齬，乃至於衝突了。

帝后兩黨的衝突事件，我們可以從很多方面看得出來。例如皇帝幾次諭令李鴻章調兵禦敵，籌備糧餉軍火，不要依仗俄國使臣的調停等等，可是李鴻章陽奉陰違，竟然「均未覆奏」。李鴻章之所以如此大膽，當然是受了慈禧的指使。同樣的，在中日戰爭爆發之初，西太后命翁同龢去天津傳語李鴻章請俄使調停，翁同龢也以「臣為天子近臣，不敢以和局為舉世唾罵」為由，公然拒絕了懿旨。光緒黨下有汪鳴鑾、志銳、文廷式等臺館諸臣，他們本來就能遇事生風，在如此兩黨大鬥爭下，當然力求表現。在光緒的授意下，展開對慈禧的攻擊。他們要求將頤和園「所有點綴景物，一切繁儀，概行停止」，把重修頤和園的費用改作軍費，用於對日戰爭，這無異是對慈禧的公然挑戰。又如後來戰爭擴大了，光緒帝命李鴻章派兵「迅速進剿」，令沿海各將軍與統兵官員要對來犯的日軍給予「迎頭痛擊」，一時全國軍民頗有「聞風思奮」

之勢。但是后黨控制軍機處的官員孫毓汶等則「皇上之所急，則故緩之」，多方面阻撓或破壞光緒的計畫。

平壤敗績與黃海失利之後，清廷鬥志大衰，后黨更乘機散布和談主張。等到停戰簽約時，帝黨乃全力反擊后黨，利用民怨沸騰，大肆攻擊主和派的孫毓汶、徐用儀等人。孫毓汶終於以多病請辭，光緒帝則不經西太后同意即照准。帝黨的御史王鵬運其後又上書彈劾徐用儀，說他「品望不重於朝端，功績未登於冊府」，一味獻媚洋人，「樞臣不職，請旨立予罷斥」。孫、徐二人被罷，是帝黨的勝利，而更大的勝利則是再度起用恭親王奕訢入軍機。恭親王與西太后為敵多年，此次東山再起，帝黨認為是對付慈禧的最有利武器。可惜奕訢已屆垂暮之年，朝氣全無，已無心與慈禧對抗了，這是帝黨始料所未及的。帝黨也對李鴻章施以無情的攻擊。然而后黨也不是全由帝黨任意處分，為了報復皇帝及其下黨人，慈禧下令將光緒鍾愛的瑾妃、珍妃降為貴人，理由是她們「干預朝政」。又將支持光緒的志銳充軍到烏里雅蘇臺，裁撤滿漢書房，使皇帝不易接近臣僚親信。綜上可知，甲午一戰，對外不但喪權辱國、割地賠款；對內則政爭愈烈，危機更深了。

然而，甲午戰爭也並非一無可取，對帝黨而言，經過戰敗教訓，光緒皇帝「銳欲革新庶政致富強」，而翁同龢也「知西法不可不用，大搜時務書而考求之」。於是進一步的求強求富理念在執政要人心中產生，變法維新的新思想與新運動也應運而生了。

三、維新變法時的黨爭陰影

事實上，在清朝中衰以後，內憂外患接踵而至時，確有不少主政者與士大夫關心國事，試圖救亡。有人提出「師夷長技以制夷」，希望國家富強、民族獨立。其後更有人推行「自強運動」，大量引進西方科技知識，以期進一步發展國家的經濟基礎與文化條件。然而中國傳統的包袱太沉重，時人對新事務的了解又不夠透徹，模仿西洋的效果是不彰的。三十年的辛苦經營，在甲午戰爭中可謂毀於一旦，「自強」不強，「求富」不富，更談不上救國了。軍工業層次的改進顯然是不能救亡圖存，就有先覺者倡議政體的改革，甚至有人以為一紙憲法勝於百萬雄兵，康有為、梁啟超等改革家便是這樣想的。

康、梁的改革運動，史稱戊戌維新運動，戊戌維新運動以變法改革政體為主，這是清代歷史上的創舉。如此重大的改革必然會遇到反對，特別有很多既得利益的人會反對，帝后兩黨又已勢同水火，后黨也必不讓帝黨順心如意地改革。維新變法確實是在可怕的黨爭中進行，而且是在黨爭中夭折的。現在我們就這方面的情形作一扼要敘述。

自從《馬關條約》簽訂以後，全國上下同感憤慨，奮發圖強的呼聲四起。尤其是光緒皇帝，他因主戰失敗，更感覺是奇恥大辱，深深體認到「非變法難以圖存」。加上康有為等「公車上書」以及御覽了〈上清帝第三書〉，使皇帝心中有了更完備「應敵之謀」與「自強之策」的改革藍圖。皇帝既「毅

然有改革之志」，因而頒發臥薪嚐膽上諭，命令中外臣工振刷精神，復仇雪恥，一時政壇頗有新氣象。

慈禧太后對光緒的行事不以為然，不但打擊維新人士以變法為宗旨而組織的強學會與保國會，使其無法存在；同時也以「離間兩宮」與「遇事生風」、「招搖惑眾」等罪名，先後革去皇帝左右手汪鳴鑾、長麟與文廷式等人的官，並且永不敘用，以削弱帝黨的實力。光緒皇帝對后黨的惡毒行為也曾給予有力反擊，他對強學會的被封不予同意，後來改為官書局，選刻中西名著，以擴大民眾新知。保國會的查究，他也挺身而出斥責過后黨，並因此事而撤去御史文悌的職務。不過總的來看，后黨似乎占些上風。

光緒皇帝比較得意的事，是他在位的第二十四年四月二十三日（1898 年 6 月 11 日）頒布明定國是詔書，宣告維新變法。這件事能得到慈禧的同意，原因雖然很多，但德國占領膠州灣與俄人強行租借旅大是其中重要的一個。此前慈禧重用李鴻章派他出使俄國，並簽訂密約，以為從此可以獲得幾十年的太平，沒有想到為時不久，便招來瓜分大禍。慈禧為免引起眾怒，便同意光緒做有限度的改革，反正若能「措天下於磐石之安」，對她的統治權有好處，又何樂不為！所以她曾對皇帝說：「苟可致富強者，兒自為之，吾不內制也。」

不過老謀深算的慈禧太后，她在光緒頒降國是詔書的前後，卻已作了一些必要的安排。例如在下詔的前一天，即光緒二十四年 (1898) 四月二十二日，她給后黨的健將榮祿補升為大學士，管理戶部事務；剛毅則被調任兵部尚書；另外又

調崇禮為刑部尚書。皇帝下國是詔之後四天，慈禧不但再任命榮祿為署理直隸總督，又宣布「在廷臣工蒙皇太后賞項及補授文武一品暨滿漢侍郎，均於具摺後恭詣皇太后前謝恩」，這無異是控制了人事大權。不僅如此，就此同一天，慈禧又逼著光緒把他老師也是帝黨的中堅靈魂人物翁同龢逐回原籍，令地方官看管。接著到五月間，后黨的榮祿實授直隸總督，崇禮補步軍統領，裕祿入軍機處當差，袁世凱所訓練的新軍歸榮祿節制。這一連串措施，實際上是把軍政與人事大權完全歸諸於慈禧手中，確保后黨的統治權力與地位。

　　光緒帝眼見慈禧的各項安排，深知建立自己的權力機構是急需的，他曾召見了康有為、黃遵憲、張元濟等人，並有心重用他們。但是后黨百般反對，最後只能給康有為一個在總理衙門章京上行走的小職位，使他不能與皇帝經常見面，而他的上司卻是榮祿、奕劻、李鴻章、許應騤一批后黨的大將。由此可見，維新變法是極難展開的。就以辦京師大學堂、廢八股一事來說，原先以為是可以先推動的，但是被后黨執事官員們擱置不議不辦，反而攻擊康有為「襲西報之陳說，輕中朝之典章，其建言既不可行，其居心尤不可問」，甚至說這是「勾結朋黨」、「搖惑人心」的事，希望皇帝將康有為「驅逐回籍」。正如辦學堂、廢八股的事一樣，其他皇帝所下的改革命令也多被中外官員或借詞推諉，或彼此觀望，或根本不予答理。因此百日維新期間，頒降的新政諭旨不下二百多件，但執行的卻寥寥無幾。

四、帝黨的試圖反撲

　　同年七月，帝后兩黨的衝突又因以下兩件事而變得嚴重起來，一是禮部主事王照上書請皇帝遊歷日本等國，禮部尚書懷塔布等不肯代奏，王照與他們抗爭，「咆哮堂署」。光緒帝借機將懷塔布等六個堂官全部革職，以帝黨李端棻、徐致靖、王錫蕃等分別為禮部尚書與侍郎，取代了后黨。另一件則是皇帝排斥軍機大臣剛毅等人，而將楊銳、劉光第、譚嗣同、林旭四人拔擢為軍機章京，參與新政，以取得實權。慈禧太后在維新變法開始時，曾對守舊帝黨人士說過：「等等看，俟辦不出模樣再說。」現在光緒帝大肆推動架空后黨人事的行動，慈禧必然將採取進一步的行動。加上七月三十日皇帝又來頤和園向慈禧報告要在宮中開懋勤殿，用康有為、梁啟超、康廣仁等一起來入值決定國家大事。慈禧的怒氣不再能抑制了，不但沒有同意光緒帝的請求，反而給予嚴厲的責斥。當時他們談話的內容雖不可知，但皇帝當晚傳出的衣帶詔中有「朕位且不能保」之語，可以想見情勢的可怕與嚴重。帝后兩黨的鬥爭顯然進入攤牌的時刻了。

　　衣帶詔是光緒帝交給楊銳的一份密詔，實際上是告知維新人士情況危急，希望他們「設法營救」。楊銳一時驚駭得不知所措，又怕文件外洩，直到八月初三日才由林旭將此詔轉給康有為。康氏得詔後心憂如焚，與同志們跪誦痛哭，在慌亂之中，決定了兩項對策：一是說服袁世凱以軍隊制伏后黨，二是企圖以外國力量來解救火急危難。

　　康有為對袁世凱似乎是有好感的，因為袁世凱多年來很
贊成變法，這位練兵的將官不止一次反對過聯俄主張，他認
為要消弭外侮，只有靠自身的變法圖強。他也曾向人稱讚過
康有為有「悲天憫人之心，經天緯地之才」，這些都是使康有
為對他有好印象的原因。在衣帶詔事件發生前五天，康有為
曾上書保薦袁世凱，說他「年力正強，智勇兼備」，希望皇帝
重用他。光緒帝乃於八月初一日召見了袁世凱，破格拔擢他
為候補侍郎，專辦練兵事宜，暗示袁世凱與榮祿各辦各事，
可以不受榮祿節制。康有為以為皇帝如此厚待袁世凱，他必
然感恩圖報，為皇上效死，所以在帝后兩黨存亡一搏之時，
康有為堅信「可救上者，只此一人」。殊不知袁世凱陰險狡
詐，他早就投向榮祿的陣營。他說過榮祿是「忠義為懷，明
達事理」的人，並甘心以作榮祿麾下為榮。事實上，榮祿也
確是袁世凱的「再造」恩人，因為光緒二十二年 (1896) 曾有
人彈劾袁世凱「營私蝕餉」、「擾害地方」，主持查案的人就是
榮祿。而榮祿明知袁世凱犯罪屬實，他卻向皇帝報稱查無實
據，包庇了袁世凱。榮祿如此結案，據說是因為「此人必須
保全，以策後效」。袁世凱經過此一事件，對榮祿當然是感恩
不盡。皇帝與康有為顯然不知這些事，而把他視為急難時唯
一的依恃。這是一次錯誤的認知與決策，也決定了維新變法
失敗的命運。八月初三日深夜，譚嗣同奉康有為之命到法華
寺訪袁世凱，要求他派兵包圍頤和園，「錮后殺祿」。袁世凱
未表示反對，事後卻出賣了維新派，也催化了戊戌政變的提
前發生。

五、從「變政」到「政變」

康有為尋求外國力量干預的舉動最後也是徒勞無功。他提出聯結與國，甚至以實行「合邦」來抵抗后黨，他也確曾走訪了日、英公使，請求援助，但毫無結果。正好在北京政局緊張之際，日本卸任首相伊藤博文來到了古都，帝黨以為可以借伊藤的聲望增加助力，因而有人呼籲將伊藤博文留住京師，令其參預新政。光緒帝也決定在宮中召見伊藤，並認為這是千載難逢的機遇。后黨得知這些消息，感到惶惶不安，恐怕維新派勢力與外國力量結合起來，於是有人向慈禧報告說：「伊藤博文即日到京，將專政柄。伊藤果用，則祖宗所傳之天下，不啻拱手讓人。」慈禧最忌別人向她奪權，因而決定採取緊急措施，先發制人地發動了政變。她在八月初四日傍晚出其不意地趕回北京皇宮，「盡括章疏攜之去」，並嚴斥光緒皇帝說：「癡兒，今日無我，明日安有汝乎？」於是將光緒囚禁於瀛臺涵元殿。儘管第二天皇帝仍在宮中召見了伊藤博文與一般臣工，但都是在慈禧的監視下進行，皇帝已失去了人身自由。

政變之後，慈禧接著下令宣布自八月初六日起再度訓政，捕殺維新志士，停辦各項新政，一百零三天的維新變法運動也於焉告終。

有關戊戌變法期間帝后的黨爭，還有兩件值得在本文結尾作一特別的說明：一是「天津閱兵」與「圍園執后」，一是帝后黨爭演變成滿漢之爭。

　　在百日維新期間，京中盛傳慈禧將利用九月天津閱兵之際，廢掉光緒皇帝。這項風聞當時在京津一帶廣為流傳，特別在帝黨人士間更是堅信不移。光緒皇帝曾有「朕誓死不往天津」之語，康有為則重複在他的自編年譜中提到「天津閱兵」乃「訓政之變」，或「天津閱兵而行廢立」一類的事。梁啟超則說「蓋欲脅皇上至天津，因以兵力廢之」。帝黨如此肯定閱兵廢帝之說，可能因為后黨擁有強大兵權，榮祿又控制各軍，而后黨的楊崇伊、立山等人經常在京津間走動與榮祿密謀等事實有關。尤其令帝黨緊張的是維新定國是詔頒布後四日，慈禧逼著光緒發出幾件重要諭旨，其中除逐走翁同龢回籍，任榮祿為直隸總督指揮北洋大軍外，還有一件就是宣布九月閱兵。這三件事聯想在一起，難怪帝黨相信閱兵是陰謀了，慈禧是想借機廢光緒了。然而事實上，當時也有憎恨慈禧的人說，要廢光緒何必要去天津「行此大行動」，太后隨時能行廢立之事。蘇繼祖在他的《戊戌朝變紀聞》中就作過如此看法。後來戊戌政變的發生，也證實慈禧是有能耐隨時隨處可以廢光緒。

　　帝黨人士對天津閱兵的敏感可能是因為奕訢逝世、翁同龢罷歸，大家在「勢孤心悸」下而產生的錯覺而已。不過由於帝黨有這種憂懼，而且大家也相信「不除此老朽（按指慈禧），國不能保」，所以康有為等有了「去太后」的念頭。儘管康梁日後矢口否認有執殺太后的事，但袁世凱、文悌以及清廷官方諭旨中，都一致指出帝黨有「謀圍頤和園，劫制皇太后」的謀劃。甚至連康梁的同志、譚嗣同的好友畢永年，

也寫下帝黨有「圍園執后」的密謀，而他自己就是康有為慎選出來的「將材」，負責武裝行動的當事人。至於同時代人所寫的《慈禧傳信錄》、《崇陵傳信錄》等書，更是有著同樣的說法，提到帝黨有執后、錮后的圖謀。政爭永遠是殘酷的，激烈手段有時也是必要的。

六、滿漢之爭的疑慮

　　至於滿漢種族之爭的渲染，在當時緊張的政爭中也是不難想像。滿族本來以少數民族入主中原，為了防止漢人的反側，多年來一直謹慎提防，不惜以血腥鎮壓或箝制思想來對付漢人。慈禧、榮祿、剛毅等守舊派恐懼漢人奪權，自然不在話下。就連進步開放的恭親王奕訢也怕清朝江山被漢人推倒，這也是他對維新變法不熱中的根本原因。滿族親貴既然有了此一種族偏見，變法工作當然就變得更難了。

　　其實在維新變法的過程中，也有不少滿族官員與知識分子熱心參與變法圖強運動，像滿族舉人文元、德善、文成等就參加了「公車上書」的簽名。另外任官翰林院庶吉士的宗室壽富，也鑑於國家危急而寫過〈與八旗君子陳說時局大勢啟〉，宣傳變法的重要性。還有內閣學士闊普通武為支持變法，曾為康有為轉呈〈請定立憲開國會〉的奏摺，並上書皇帝大聲疾呼：「欲除壅蔽，莫如仿照泰西，設立議院。」這些通達的滿族人士，他們超然於狹隘的種族觀念，為國家前途作出無私的奉獻。可是從事政爭的后黨，卻被私利所矇蔽，甚至對一切的維新變法思想與活動，都視為反動、有害的。

　　早在成立保國會時，后黨就認為保國會是「保中國不保大清」。滿族中當時存有「改革者漢人之利，而滿人之害也」心態的很多，所以他們多方阻撓新政的推行。然而從另一方面看，維新人士中也確有言詞偏激反滿的，像譚嗣同就常說滿族屠殺與壓迫漢人的諸端惡行，他把滿洲貴族形容得比古代暴君還要殘忍，而有「誓殺盡天下君主」的心意。同時在康有為等的新政中，有不少影響到滿族既得權益或對滿族傳統文化保存有害的，例如他建議皇帝廢除滿族姓氏、取消貴族封號以及斷髮、易服、改元，還有令八旗兵丁改為民籍等事。在守舊的滿族人看來，都是「專變祖宗成法」，無一不是存心要消滅滿洲的陰謀，他們認為新政「名為保國，實為亂國」。皇帝既然和這些人結成一體，也就成了漢人的皇帝，發動政變推翻他也是理所當然的事。

　　總而言之，清朝自列強入侵以後，朝廷政爭也隨之激化。由親貴之爭擴大為帝后之爭，再衍生出南北黨爭與滿漢之爭。爭到朝政大亂，國事日非，無法從事改革，戊戌變法也是因這層關係而失敗。

第十章
慈禧新政及其失敗原因

　　十九世紀是西歐列強勢力大舉進入中國的時代，也是傳統中國的制度與秩序日益破壞崩潰的時代。當時執政的清朝政府，雖在朝野合力設法尋求肆應，像推動洋務運動、維新運動等等，但終究行之無效，反而激起國內太平天國、義和團等的大動亂。在康梁百日維新政改失敗之後，不到三年，中央當權的慈禧太后發動了一次社會政治方面的大變革，史稱「清末新政」或「慈禧新政」。廣義的新政應包括日後預備立憲。本文限於篇幅，只就光緒二十七年至三十一年 (1901–1905) 的新政初期部分，作一簡要觀察與討論，以略抒管見。

　　光緒二十六年 (1900)，由於慈禧太后信任義和團的排外滅洋實力，助長了義和團動亂並招來八國聯軍攻陷北京。是年七月二十六日，慈禧在倉皇西逃途中，於宣化雞鳴驛突然下詔罪己，承認她「負罪實甚」，表示要「滌慮洗心」，對於掌權多年、身為皇太后的慈禧來說，能作出如此宣布確是不容易了。兩天之後，又下詔求直言，要求清朝內外臣工各矢公忠，對朝廷的過失，政事的缺失，民生的休戚，「隨時獻

替，直言無隱」，似乎表現了真誠的悔意。不過，慈禧是個工於心計的人，有些諭旨與詔書，她是以光緒皇帝的名義頒發，以上這道求直言詔就是如此。同年十一月六日，慈禧在西安又電諭與聯軍談判的奕劻、李鴻章，對於各國公使提出的議和大綱十二條，全部照允，並且說「敬念宗廟社稷，關係至重，不得不委屈求全」，只是希望奕劻等王公大臣「設法婉商蹉磨，尚冀稍資補救」。

慈禧的如此讓步，實在是迫於當時的內外情勢與壓力。自從戊戌政變，打垮康梁維新勢力後，她又主導了己亥建儲與庚子拳亂，這些內外政策，引起了洋務派地方督撫的反感與憤怒。八國聯軍入京也說明了她領導的守舊勢力一敗塗地。在慈禧一意孤行的對外宣戰之後，劉坤一、張之洞、李鴻章等地方大吏聯合推動了一項對抗清廷中央的機密活動。那就是「東南互保」，不聽中央指揮，維持地方中立。不久之後，李、劉、張等又施壓中央主動懲辦禍首。慈禧與光緒西奔出走時，各地督撫們有意與列強合作，密謀「歸政」光緒皇帝，並主張「遷都」，另立新政府。這些地方官吏的離心傾向與列強實際侵略的壓力，使慈禧感到她的柄政確實面臨極為嚴重危機，為了不使自己權力基礎完全塌陷，她做出罪己，求直言，無條件接受列強各國的議和要求，以換取外國對她繼續執政的認可。

在局勢得到初步穩定之後，慈禧又在十二月十日，以光緒皇帝名義，下詔變法，著手推行新政。重點如下：

一、「世有萬古不易之常經，無一成不變之治法。……伊

古以來，代有興革，當我朝列祖列宗，因時立制，屢有異同。入關以後，已殊瀋陽之時。嘉慶、道光以來，漸變雍正、乾隆之舊？大抵法積則敝，法敝則更，惟歸於強國利民而已。」這是為推行新政找藉口，尋求「法祖」依據。

二、「蓋不易者三綱五常，昭然如日星之照世。」「居上寬，臨下簡，言必信，行必果，我往聖之遺訓，即西人富強之始基。」這是指出變法是不能遠離儒家倫理，也就是說清朝的統治地位是不能被推翻，君臣大義還要講求的。同時雖然變法，但「西學中源」、「中學為體」仍應被強調。

三、詔書中聲稱「我中國之弱，在於習氣太深，文法太密，庸俗之吏多，豪傑之士少。」「誤國家者在一私字，困天下者在一利字」，而「近之學西法者，語言文字，製造器械而已，……學其皮毛而又不精，天下安得富強耶？」

四、「總之，法令不更，錮習不破，欲求振作，當議更張。著軍機大臣，大學士，六部，九卿，出使各國大臣，各省督撫，各就現在情形，參酌中西政要，舉凡朝章國故，吏治民生，學校科舉，軍政財政，當因當革，當省當併，或取諸人，或求諸己，如何而國勢始興，如何而人才始出，如何而度支始裕，如何而武備始修，各舉所知，各抒所見，通限兩個月，詳悉條議以聞。再由朕上稟慈謨，斟酌盡善，切實施行。」

儘管這道詔書有明確的改革心意，而且也指出一些當時弊端，但是並沒有引起大眾，特別是各地有實權督撫們的回響。慈禧於是在半個月之後，又以光緒的名義，頒「自責之

詔」，除將「朝廷一切委曲難言之苦衷」曉諭「天下臣民」外，並要求大臣妥速議奏，實力奉行，希望大家對變法詔書有所回應。同時在這份詔書裡又聲明對參與「東南自保」的封疆大吏一概不予追究；對列強的外交表示親切友好，要以「固邦交」為重，不再採取仇視敵對的態度。

　　光緒二十七年 (1901) 春天，變法詔書下達兩個月的期限已到，但各方對變法新政的提案依然冷淡。慈禧見勢乃於三月初三日又下令成立督辦政務處，以作為總攬新政推行的專職機關，並派慶親王奕劻，大學士李鴻章、榮祿、崑岡、王文韶，戶部尚書鹿傳霖為督辦政務大臣。外省大臣中最有影響力的兩江總督劉坤一，湖廣總督張之洞「亦著遙為參預」。同時再一次要求大臣們「未經奏陳者，著迅速條議具奏，勿再延逾觀望」。流亡西安的中央政府為了表示變法決心，不但宣布成立督辦政務處，並且還公布了政務處開辦條議十一條，說明政務處的人事組織、職責所在、工作細則、變法大綱、實施意見以及政務處本身應作改革表率等等。由於督辦政務處的成立與開辦條議的頒布，都是清廷有心變法的具體作動，而且提出改革綱領也能適合當時的現狀，因此督撫們決定與慈禧合作來推行新政。

　　成立督辦政務處後第四日，即三月初七日，山東巡撫袁世凱率先上〈遵旨敬抒管見上備甄擇摺〉，條陳建言十事，要點為：1.整頓京師大學堂，各省多設學堂，譯外國書。2.減科舉名額而增設各國語文政要經濟時務的實科。3.設官報局以開民知。4.簡派王公官員赴各國遊歷以廣見聞。5.增官俸

以養廉。6.設商會以振興工商。7.設軍校以修武備。8.改進財政等。

繼袁世凱之後，同年五月二十七日，六月初四日，六月二十七日，劉坤一與張之洞聯名會奏，連上三份變法建議的奏摺，當時被稱為〈江楚會奏變法三摺〉。

〈江楚會奏變法三摺〉是劉坤一與張之洞二人往返電商，並參考張騫、沈曾植、湯壽潛等人的意見，「薈萃眾說，斷以己意，日撰一、二條，月餘始就」的精心研究成品。第一摺談論育才興學，主要內容以改革教育制度為主，如建議設立文武學堂，酌改文科，停罷武科，獎勵遊學等等。第二摺重點在致治、致富、致強之道，以整頓變通中國成法為主，強調崇節儉，破常格，停捐納，重官祿，去書吏，去差役，恤獄政，改選法，簡文法，整頓司法，改良軍政，裁汰綠營屯衛，籌劃八旗生計等等。第三摺專論採用西法，文長一萬多字，重點則有：派人出國考察，推廣武備學堂，練外國操法，增西洋武器，修農政，勸工藝，定礦律、路律，統一貨幣用銀元，行印花稅增收入，推行郵政，官收洋藥，多譯西洋書籍等等。

劉、張二人的會奏，在當時轟動全國。不過他們自己則說：「臣等所擬各條，大率皆近三十年來，已經奉旨陸續舉辦者，此不過重申而已。」確實他們所上三摺的內容，不僅包括了自馮桂芬《校邠廬抗議》以來洋務派的大部分改革意向，同時也包含了很多康梁維新人士的主張。以往劉、張二人「惡聞民權」，但在三摺之中顯見他們已認為西方國家的政體學

術，「大率皆累數百年之研究，經數千百人之修改，成效既彰，轉相仿效，美洲則採自歐洲，東洋復採之西岸」，我中國正所以此種行之有效的「政體學術」，可以相我病症。可見劉、張等人對西學、西政的態度有了變化，贊同維新人士的看法了。

清廷收到三摺後，在同年八月二十日，光緒皇帝與慈禧太后同時頒發上諭與懿旨，肯定劉、張的建議，認為「整頓中法仿行西法各條，事多可行」，命督辦政務處按照三摺內容，「隨時設法舉行」。張之洞為擴大影響，又將三摺刊印流傳，因此〈江楚會奏變法三摺〉乃成為清廷推行新政的綱領性文件，直到光緒三十二年 (1906) 中央宣布仿行憲政之前，清末新政大體上是按照三摺的大方向進行。

由於當時的新政仍由慈禧主持，史家們又稱清末新政的前一階段為「慈禧新政」。就其內容觀之，堪稱十分龐雜，大致可分以下數端作一扼要說明：

一、有關內政外交方面：為了安撫外國，先根據《辛丑和約》的要求，清廷諭令改總理各國事務衙門為外務部，並「班列六部之前」，以示「首以邦交為重，一切講信修睦」。其次在光緒二十七年至三十一年 (1901–1905) 間，清廷參照大臣建議，給中央與地方行政機構作了一些增減的調整，將若干有名無實或職能重複的單位予以裁撤或兼併，如先後裁去河東河道總督、通政使司，湖北、雲南、廣東三省巡撫衙門，又裁粵海關、淮安關、福建水師提督、江寧織造署等單位。同時將詹事府併入翰林院，太常寺、光祿寺、鴻臚寺併

入禮部，為了便利推動新政，除先期成立的督辦政務處外，又新設商部、學部、巡警部、練兵處等，以強化政權的力量與權威。傳統中國中央衙門布局，從此改觀。在新設或改組的部門中，清廷又實行單一領導制，廢除「數人共一職」的低效能管理方法。清廷又鑑於吏治腐敗，乃降諭「永罷實官捐納」，並下令每年要嚴格考核各官政績，對違法者作出處分。另外在簡化各官署的公文形式，防止陋規等方面也做了改進，如廢除題本制度、省卷案、去書吏裁陋規、定公費等等。後來更設法調張之洞、袁世凱等有實力的封疆大吏到京中任軍機大臣，以削弱地方勢力。至於加強財政與金融的統一管理等事，也是清末新政大變革中重視的。

　　二、有關法律制度方面：光緒二十八年 (1902) 二月即詔令出使大臣，查取外國通行律例，加以研究，以作改進中國古法之資。又因為劉坤一、張之洞、袁世凱等都曾上摺建議過改革法制事，因而也命令他們「慎選熟悉中西律例者，保送數員來京，聽候簡派，開館編纂」新法。同年四月，又命沈家本、伍廷芳將一切現行律例，「按照交涉情形，參酌各國法律，悉心考訂，妥為擬議，務期中外通行，有裨治理」。沈家本當時為刑部侍郎，自奉命後即全力投入，在他主持之下，先後完成了三十種左右的法、德、俄、意、日等國法典書籍的翻譯，同時又成立了法律學堂，培養專門人才。這些工作不僅為中國近代法律教育與法學研究的開端，也使得清末新政在法律改革上有了實現的可能。光緒二十九年 (1903) 清廷又命載振、袁世凱、伍廷芳訂商律。不久後又命張之洞、張

百熙等釐定學堂章程，逐漸建立現代法制的基礎。同年十月，清廷頒布了第一部具有法律性質的 《奏定重訂鐵路簡明章程》，是管理全國鐵路的商法，也是鼓勵華人辦路，且有維護主權抵制列強掠奪的鐵路章程。沈家本等人的很多努力成果，在慈禧新政的後一階段完成，有些在大清覆亡前夕才問世，如光緒三十三年 (1907) 在法部主持下 ， 東三省創設了審判廳，並試辦於直隸、江蘇兩省，使中國的司法與行政得到了分立存在。又如《大清現行刑律》在宣統二年 (1910) 正式頒行，也是對古老中國傳統法律的一次革命。清末法制改革雖然不算快速，但確實邁出了中國法制現代化的一大步，堪稱難能可貴。

此外與法制有關的是舉辦警政。光緒二十八年 (1902)，袁世凱從新建陸軍中抽調兵員編為警察，並在保定設警務學堂。同年八月，聯軍交還天津，條件之一是在天津周圍二十里內不得駐紮中國軍隊。袁世凱便將保定新軍三千人改編為巡警，駐守天津，維持地方秩序。同年底又在天津設警務學堂，聘洋人教師。光緒三十一年 (1905) 清廷認為警政「關係重要」，決定設立巡警部，並詔令訂立警務章程，各省遍設警務學堂。

三、有關軍政制度方面：清朝武備以往以八旗與綠營為主體，經過清末的對英法戰爭與國內的動亂，顯現軍備廢弛的嚴重性。在平定太平天國之役中，湘軍與淮軍等地方武力顯露了頭角。但在甲午戰爭與義和團事件之後，湘淮練勇也一蹶不振，因此慈禧舉行新政時，就將「練兵」視為要務，

所謂「非練兵無以衛國，亦非練兵無以保民」。光緒二十七年
(1901) 八月，清廷先下詔停辦武科，並令各省裁撤綠營防勇，
改練常備、續備等軍。第二年底，又在京城設立練兵處，從
事軍制的大幅改進。當時新練軍隊的改革內容主要在以下幾
點：新軍不再使用戈矛土炮，代之以新式槍炮；操法營規也
「均參照德、日兩國最新軍制」；建制與兵種分類接近於現代
軍隊，如軍、鎮、協、標等等，以及步、馬、炮、工等兵種；
淘汰老弱兵痞，補充新進兵員，並以軍事學生出身與從國外
學習軍事返國的留學生擔任指揮官；這一切改革無異使軍隊
戰鬥力大增，也標誌著清末軍隊的進一步現代化。

　　「練兵必先籌餉」，這是清末軍事改革中的一大難題。因
為當時政府財政困難，國庫枯竭，據說慈禧「因籌餉事幾至
廢寢忘食」，在練兵處成立之初，她急令各省攤派軍費九百萬
兩，後來又命將各省官員中飽浮費三百二十萬兩及加增煙稅、
酒稅上解。籌餉雖為「要政」，但軍費龐大，終究成為新政的
一大難題。

　　四、有關財經商業方面：中國向來以農立國，清末政府
意識到了長期遏制工商業的發展，會產生不良後果，「視工商
為末務」，將使得「國計民生，日益貧弱」，於是新政推行時
特別重視獎勵工商，振興實業的措施。光緒二十九年 (1903)
為了「力除留延擱項積弊以順商情而維財政」大目標，清廷
成立了商部，商部的地位僅次於外務部而居第二，可見清廷
對其重視的程度。其後又頒發了一系列與工商有關的法律章
程，如《商部章程》，《商會簡明章程》，《獎勵公司章程》，

《公司註冊試辦章程》,《商標註冊試辦章程》,《試辦銀行章程》,《大清商律》以及鐵路、礦務、華商賞爵等的章程。其中《商會簡明章程》以「保護商業,開通商情」為宗旨,內文記載了商會財務管理,協調商業政策,交流中外商情,調解商人糾紛,平抑商品價格等等。《大清商律》則從法律上肯定了經商者的合法地位,甚至明文規定年滿十六歲的女性可為商人。至於商人必須遵守的條件、公司股份、股東權利、查帳、關閉、股東會議等等也都有記述。由此可知新政中不僅以法律形式承認工商業者的社會地位,保護他們經營管理的合法權利,同時又用遍設商會、從優獎勵等方法掀起商業風氣,讓國人放棄「商為末作」的舊觀念,以推動社會生活的轉型與現代化。

五、有關文化教育方面:如前所述,清末推行了重視外交,整頓吏治,編練新軍,改革財經商業等新政,這些改制無不急需新式人才的參與,因此舊式培養人才與選拔人才的制度也同時亟須改進。首先在光緒二十八年 (1902),清廷下令廢除八股取士,三年後又頒布上諭自光緒丙午年 (1906) 所有鄉試、會試一律停止,自隋唐沿襲千年之久的科舉制度至此停廢,這真是中國文教史上一大變革。在廢八股、罷科舉的同時,清廷以試策論、辦學堂、派留學來代替原有的教育與選才的政策。就清末教育變革而言,當時由張之洞、袁世凱、張百熙等人主持制訂過《欽定學堂章程》、《奏定學堂章程》等學制方案,以日本為模仿對象,規定學堂正規教育分為初、中、高三級,高等學堂之上還有分科大學及最高一級

的通儒院，從高小畢業到大學畢業分別授予附生、貢生、舉人、進士的功名，事實上，當時改制已奠定了日後中國新教育的基礎。

另外，清廷還提倡、獎勵學子出洋留學。光緒二十八年(1902)，外務部制訂留學生章程，凡學成歸國者，分別獎以翰林、進士等出身，並按等錄用。同年，張百熙等又奏派「素行端謹，志趣遠大」的宗室、京堂、翰林以及各級內外官員出國遊學。至於自費留學，只要考試及格，清廷出具公文保送，畢業歸國與官費生同等對待。留學風氣也因而盛極一時。

根據當時學部統計，在光緒三十年 (1904)，全國學堂總數為四千二百二十二所，學生總數為九萬二千一百六十九人。四年之後，學堂總數增為五萬二千三百四十八所，學生總人數則增為一百五十多萬名。同樣的留學生人數也日漸增多，當時以留日學生最多，光緒二十九年 (1903) 只有二百八十人，到光緒三十年 (1904) 卻高達一萬人之譜。總之，清末新政提倡新式教育，顯然有得到民間與官場的熱烈回響。

以上就是清末慈禧新政的內容大概，光緒三十一年 (1905) 底清廷派五大臣出洋考察憲政，第二年又頒布〈預備仿行憲政〉諭旨，那是清廷進行政治體制改革的進一步嘗試，也是新政深入的舉行。

慈禧太后初期主持的新政，從上述可知，當時確實是在政治、經濟、軍事、法制、社會、文化生活等方面進行了廣泛的變革，平心而論，在廣度與深度上都超過了洋務新政與戊戌維新，並且是以更快的步伐踏上二十世紀初年的時代舞

臺。官制改革突破了落後的傳統格局，軍事改革增強了國家的國力，法律改革使中國邁向法治之途，教育改革奠定了中國現代化教育的基礎，獎勵商業使中國走出狹隘小農經濟的困境；這一切都足以說明慈禧新政比以前自強、洋務、維新等運動有著更多更好的實績。因此，若說慈禧新政是一項「騙局」，是「假維新」，顯然是值得商榷的。如果是「騙局」或是「假裝」，那一定是她只說不做，甚至暗中反對；但是從慈禧新政初期情形看來，清廷頒發的詔諭，幾乎都是言出必行的，很多改革也都成為事實，說是「騙局」似乎不合邏輯，不符史實。那麼慈禧新政何以又遭人批判，而終究不能成功呢？我個人以為應該從以下三方來看這一問題。

第一，慈禧太后本人在掌權幾十年中，一直是以鬥爭取得政權的，如在垂簾聽政與最後訓政的期間，即不斷發生像辛酉政變、參劾恭親王、甲申易樞、甲午和戰、戊戌政變等等的事件，在在說明她是一個凶狠極富權力欲望的人。她的政敵極多，尤其是利用拳民排外，引起聯軍攻華，喪權辱國之後，更激起眾多官民的反感，光緒二十七年 (1901) 開始推行新政，顯然是希望經由變法來鞏固清朝與她自己的統治權與地位。因此在慈禧新政舉行初期，儘管在官制、吏治、法律、軍制、文教等方面進行了若干變革，但輿論極不同情她，甚至還對她施以抨擊。如光緒二十九年 (1904) 十二月《中外日報》以〈論中國必革政始能維新〉一文，就認為西太后的新政是「既內恐輿情之反側，又外懼強鄰之責言，乃取戊己兩年初舉之而復廢之政，陸續施行，以表明國家實有維新之

意」。這是批評她的新政毫無新意，只是把康梁等人舊主張重提應付危機而已。同年《時報》上的〈論近日設官裁官之無當〉也譴責清廷「假變法之名，以謝各國，故設此以辦新政」，類似這樣論著還有很多，直到慈禧死後，甚至是清朝覆亡之後，在漢人反滿反清的成見下，西太后更成了眾人攻擊的目標，她推行的新政當然更被貶為「騙局」了。

第二，所有變法運動，幾乎都是在政權發生危機時舉行的。不過在危機之中，也常常充滿轉機，當事者如果及時應變，而且應變得宜，有些危機可以化為轉機，使國家與政權得以振興穩固。只是轉機會瞬間消失，而危機卻能延續下去，並愈久愈嚴重複雜。我們知道清朝在十八世紀已經步入中衰時期，龔自珍、魏源、馮桂芬、王韜、鄭觀應等先知思想家早就提出學習西洋，甚至提倡「君民共主」主張了，清朝主政者卻不作知恥明恥的改革，讓轉機擦肩而過，讓危機一再加深。最後康梁變法又被守舊人士視為亂階，遭到無情摧滅。慈禧在八國聯軍後再倡新政，畢竟是一場來得太晚的變革，很多事都時不我予了。因為當時整個世界都在變化，而在慈禧主導下，清廷直到二十世紀初才舉行新政，不但國際上現代化的影響與示範效應已急劇加大，國內人民的要求也愈來愈強烈，大家的苦難已愈經歷愈加深。慈禧新政顯然不能滿足當時人與時代的要求。以最簡單也是最起碼的一件事來說，慈禧推行改革，目的多在強化中央政權，為的是鞏固清朝統治地位，也就是要盡量集中政治資源；而新政改革卻是政治民主化，那是分散政治資源，這兩者之間根本就存在著矛盾。

同時慈禧新政是傳統統治集團用傳統官僚行政組織，由上而下、漸進地從事社會變革與政治結構的創新，因此很難做到真正的突破與徹底解決，加上若干私人利益的因素，慈禧新政要想成功當然是相當困難。

第三，一項重大改革運動的推行，要想成功至少應該有幾種好的條件，例如要有傑出的領導與參與人才，要有周延可行與妥善的計畫，要有豐裕的財力支援。清末新政的大變革前期主導人是慈禧，這位著名的太后，一生重視權勢與地位的奪取，大家對她的信任本來就不夠，加上義和團招來的災禍，她的新政被人視為「對國內不滿的搪塞，對國外的屈服與賄賂」，使得一般人對她的變革誠意多有懷疑。不過，由於她臨朝柄政幾十年，朝臣們憚於她的專制淫威，對她的懿旨懿訓還不敢違抗，只是在執行時或作推延，或虛偽應付，因此在她去世之前，各種新政尚能次第推行，朝政也尚能保持穩定，不過新政推行效果難如預期。光緒三十四年 (1908) 慈禧死後，新政改由載灃等人主持，政治鬥爭轉劇，中央領導無方，新政不但無法真正落實，清朝也在內外衝突中走向覆亡了。再說新政的計畫，實在不夠完善，多半是在列強與內外大臣建議下勉強進行。所有政體與法制上的改革，必然要改變傳統制度，例如中央與地方衙門的裁撤，一定會影響到原有官員的職業與收入。廢除科舉也會影響到千萬傳統社會菁英士子的前途。辦學堂、派留學、建新軍都是進步的新政，但是這批造就出來的新型知識分子與新式軍人，卻沒有新的政治體制與新的意識形態環境來吸收他們，也就是說沒

有新的社會整合機制，來吸附與制衡新政推行後產生的舊疏
離分子與新型人才，其結果只能導致嚴重的社會危機。日後
知識分子的同情革命，新軍的倒戈反清，資產階級的要求立
憲，都是清廷在推行新政時計畫不周的結果。加上清廷當時
「庫儲一空如洗」，而各項變革需要大量經費，於是大肆增加
稅捐，使得人民痛苦加深，紛紛起而反抗，匯入革命洪流，
終於導致清朝走入歷史。

　　慈禧新政雖然超越了清末以來的歷次維新變革，但成效
仍是不盡理想，以上原因也許可以作為解釋吧。

第十一章
清末西學與五四運動

　　民國八年 (1919) 的五四運動，從表面上看是中國人對軍閥政治失望與對日本侵略不滿而激發的一場愛國運動。然而若從這一運動的基本動力一端來看，我們會相信西方輸入中國的新思想應是一大主因。我們知道，參與五四運動的人高舉「德先生」與「賽先生」的大纛，向傳統作戰，結果傳統的權威被打倒了，因為民主思想戰勝了君權思想。傳統學術主流也被推翻了，因為多元的自由學術思想戰勝了獨尊數千年的儒學，這些勝利成果事實上來得極不容易，因為「德」、「賽」二先生能被廣大中國人群所接受確實不是一朝一夕的事，這些新思想輸入中國的道路是崎嶇多阻，而在中國土地上生根茁壯更是艱辛備嚐。我們想要更深一層了解五四運動這份動力的由來，似乎有作一番回顧與考察的必要。

　　中國的君主集權制度有著悠久歷史，儒家的學術地位在中國也是至高無上。這些賡續多年、威權無限的制度與思想為什麼到十九世紀面臨危機、被人懷疑，乃至於讓不少人想到應作改革或以新制度與新思潮來替代呢？其中的原因可能

很多，但總不出與本土條件以及外來挑戰有關。

中國的君主集權制度原本也有不少理性成分，從皇帝到地方官員，在行政系統上有著專門化的職能分工；監察機關也能監督各級官員的政令執行；科舉考試更讓人民有了參政的權利；在在體現了中國社會的流動性與開放性。但是到了清代中期，由於皇權膨脹、文化思想受箝制、官僚機構嚴重老化、官場風紀敗壞以及經濟衰退種種原因，龐大王朝的各種運作變得不靈活了，功能減弱了，呈現「日之將夕」的衰微局面。儒家文化本來是對民族生命與文化生命都有著關懷使命感，儒家的終極理想在追求靜態的關係和諧與社會平衡，他們以道德與倫理為範圍與原則來維護社會的安定。但是不少政治人物卻利用儒家來為他們服務，著意強化政治統治的內容，而淡化甚至削弱儒家文化中的其他文化理想。清代中期的儒家思想有如此的現象。儒者做官的，在清廷的淫威防制下，無法發揮傳統儒家的經國救世精神，多數不能以「得君澤民」、「己飢己溺」為懷抱，更壞的是一些居高位的官員竟成游手寄食之流，只為「一家身之謀」而做官了。儒者治學的，也因為在嚴酷的專制桎梏下，一片沉寂，終身埋頭於故紙堆中，皓首窮經，做些不敢干犯時諱的純學術研究工作。

然而到了嘉慶、道光時代，國勢衰微使得政府無法有效執行閉關自守政策，專制政權喪失了原有的穩定力，學術思想界也掀起了經世學風，特別是在鴉片戰爭前後，由於現實的政治與經濟因素，經世思想到達空前高漲的地步。以下幾位學者的言行著述，可以作為說明。

　　龔自珍是一位特立獨行、一心想以學問救世的學者，他在嘉道時期眼見清朝衰象畢露，而自己又志不能伸，因而走上了社會批判的道路。他常常寫文章「譏切時政，詆排專制」，他猛力抨擊專制帝王，認定「一人為剛，萬夫為柔」不是王道。他指陳當時的社會是是非顛倒、黑白不分、麻木不仁的衰世。他以為貧富不均是造成社會危機的一項主因。對於官員與讀書人他嚴責他們多不知恥，唯以追逐財富為目標。他也看出外國人以通商為名而以侵略為實的野心，並著文反映了他的警覺與憂慮。他竭力主張政府要變，強調要救弊、修廢、革窮只有變局才能竟其功，他大呼「一祖之法無不敝，千夫之議無不靡，與其贈來者以勁改革，孰若自改革」。他可惜死於鴉片戰爭期間，又因他居官常住京師，對外國的體認不多，因而他只能援經議政，把學術引向經國濟世的方向，見識上的侷限自然不能避免；不過他是開反帝制、反封建、反西洋列強風氣之先的人，也是開清代學人議政之風的人，實在有其超凡的歷史地位。

　　林則徐是道光朝著名的好官，也是一位經世學者，他出任欽差大臣之後，先在廣州「日日使人刺探西事，翻譯西書，又購其新聞紙」作為知己知彼的第一步。對於講求認識西方、介紹西洋思想來說，林則徐是先知先覺者，他主動收集西方資料，證明他不是愚昧無知而又狂妄自大的人，他研究的西洋知識又與明末徐光啟等人不同，他不是個人文化選擇，而是因時代憂患意識為救國救民而接觸西洋文化的。

　　林則徐的好友魏源也因鴉片戰爭帶來的文化震撼而感知

西洋文化有考察價值，特別是軍用工業值得借鏡。他的最大貢獻是收集國外資料編著《海國圖志》一書，他的「駭人」呼籲則是「師夷長技以制夷」。在當時提出向西洋學習的主張是「以夏變夷」的大逆行為，他更冒天下之大不韙的是在書中提到美國與瑞士實行民主政治的事，而且表現了羨慕之情，他簡直是向君權挑戰了。

與魏源幾乎同時的人還有徐繼畬，他曾在閩粵海疆服官多年，並且親身參與過中英戰爭。在鴉片戰爭之後，他也因巨變而奮發作書，出版了著名的《瀛環志略》。這部書從材料到思想都是劃時代的作品，因為它不但向國人報導西歐美國的富庶繁榮，文化昌盛，讓人了解世界上還有比清朝更美好更強大的國家，更優越的文明。同時他又強調這些歐美國家「國無苛政」，「數百年不見兵事」，簡直是「西土之桃花源」，而這些國家的「牧民之任，宜擇有德者為之」，國家領導人的大位承繼也不是家天下的，因為「得國而傳子孫，是私也」，公器應付之公論，才是合理。徐繼畬的這些報導與評論，顯然比林則徐與魏源的要深入得多了，也更具叛逆性了。尤其他提出的自強主張，官商合作辦法以及務實外交，仿效帝俄等事，更有前瞻性。對於為清朝描繪變革與開放遠景而言，徐繼畬的膽識是值得人欽佩的。

除了上述幾位經世學者之外，梁廷枏的《海國四說》與姚瑩的《康輶紀行》也是當時關心國事學人「喋血飲恨」的作品。梁廷枏專題介紹美國政治，談到總統由人民選舉，不能「久據」其位，尤其不得「世襲」。為了防止總統位尊權高

的無限膨脹，美國又「未有統領，先有國法，法也者，民心之公也」。全書可以說著重在闡述美國政治的兩大特點：民主與法治。姚瑩的書雖是記錄他被貶謫到川藏的行程；但是他也寫下了不少相關的外國史地，希望能供關心國事的人參考，讓「中國童叟皆習見聞，知彼虛實，然後徐籌制夷之策，……雪中國之恥」。經世目的，可謂溢於言表。

在鴉片戰爭前後，儘管有像龔自珍、林則徐等等先知者，針對國家日趨深化的社會危機，與日益加劇的外來侵略感到憂慮傷痛，發出吶喊，並且把拯頹救弊的國內政事問題，轉化為民族危亡的重大訴求；但是他們的熱情熱血很快就被清代衰敗的寒流降了溫，朝野人士都沒有重視他們的呼籲，沒有把握這一契機，直到二十年後，清朝政府再一次被西洋侵略，再度受到奇恥大辱，吸納西洋文化的事才又被人提起。

清廷在鴉片戰爭後與列強所訂的不平等條約中，規定開五口通商，並准許洋人在中國設立租界，租界固然是對中國領土主權的一種嚴重侵害；但是西洋人在租界內的市政建設與市政管理等事，卻對中國人有著思想文化上的誘發作用，與促進中國社會的新陳代謝功能，特別在民主政治的基本形態與運作過程方面，中國人從租界裡可以真實、具體而又直觀的經驗到。另外，在五口通商之後，外國的外交官、軍人、商人、傳教士、工程師、醫生、學者、新聞從業員等陸續來華，他們也帶來了不少各自的專業知識，對於傳布西洋文化思想到中國而言，他們所作的貢獻是很多的，影響是深遠的。

在租界設立與更多西洋人來華之後，中國又發生了太平

天國與英法聯軍等大事件，國內動亂頻仍，戰敗又帶來羞辱，因而使得一些具有強烈社會責任感的人，更進一步地潛心研究與著述，希望能為民族的自強與自立，找到有效的良方，其中最具代表性的人物有以下幾位。

馮桂芬，中過進士，在翰林院裡做過官，後來因避亂到了上海，接觸到了西洋文化。他先廣讀有關西洋的書籍，再以中國經世的觀點加以比較研究，終於寫出了名著《校邠廬抗議》。這部書中他開宗明義地強調要向西方學習。他說：「法苟不善，雖古先，吾斥之；法苟善，雖蠻貊，吾師之。」他認為西洋的科學技術不但要仿效學習，西方的法政制度也要學習。因為中國不如西方的地方太多，例如「人無棄材不如夷，地無遺利不如夷，君民不隔不如夷，名實必符不如夷」。不如人就應向他們學習，而且在君民關係上，他也抨擊了君主制度。不過馮桂芬還不敢離經逆道得太多，他仍主張「以中國之倫常名教為原本，輔以諸國富強之術」，這種改革論調，正好為日後「中學為體，西學為用」的思想奠下始基。

王韜也和馮桂芬一樣，是江蘇蘇州人，也是在上海接觸到西方文化；不過不同於馮桂芬的是他居住過香港，並遊歷過歐洲，因此他的不少主張是親身經歷後而發出的，例如他花了不少時間參觀英國議會，旁聽過他們問政的情形，所以他大力讚美君主立憲制度，較之馮桂芬深入許多。他又呼籲工商業由民辦與商辦，提倡發展資本主義的工商業等等，這些都是他眼光遠超過別人的地方。

鄭觀應是廣東香山人，他因為在上海外國商行中實地操

作過買賣，所以對西方工商業的制度有深切了解。他主張中國應發展資本主義工商業，而且是民辦的、商辦的，不能受到官方的控制，否則不易興利。對於政體問題，他大聲疾呼要實行君主立憲制，因為這樣才能「通上下之情，期措施之善」，他比王韜又更明確而強力的鼓吹。不過他也逃不出時代的侷限，還是用「上效三代之遺風，下仿泰西之良法」使「臣民泯異同之見」，解救國家社會危機，走的仍是援經議政的傳統路子。

在西風東漸時期，廣東一省是比他省得風氣之先，廣東出生的洪秀全則代表著另一型受傳教士影響極深的人。他創造上帝教，集政權與教權於一身，儘管教義中摻雜了西方宗教、儒家文化與民間宗教等的成分，但推翻清朝皇權與反對孔孟是他文化政策的鮮明特徵，而《天朝田畝制度》也具有反封建的意義。尤其值得一述的是，洪秀全同族兄弟洪仁玕提出的《資政新編》，洪仁玕因為常與西洋傳教士等接觸，較為了解當時的世界大勢，他聲言中國不變絕不能富強，主張多與外國通商，平等往來，互爭雄長。西方很多科技應當學習仿效，更要仿行西方的經濟制度。書中對美國的民主政治也作了詳盡報導，對總統、取士、立官，補缺等人事都「寫票公舉」有著羨慕之情。可惜他的理想沒有實現，很快便隨著太平天國的覆亡而走入歷史。

當以上這些具有憂患意識的人提出新主張、新看法指陳變革方向時，在清廷任官的人，如中央的恭親王奕訢、大學士文祥以及地方上的曾國藩、左宗棠、李鴻章等人，也推動

效法西洋的洋務運動。他們一方面鑑於英法聯軍的戰敗、京城的陷落、條約的喪權，使得他們痛定思痛地認真「師夷之長」；另一方面他們也發現西洋人並非要消滅清朝，而是要求平等交往。因此這場洋務運動只以強兵為思想中心，以軍事及其相關工業為仿效對象，對傳統中國封建制度是不擬變革的，而且認為不須變革。正如李鴻章所說的：「中國文武制度，軍事遠出西人之上，獨火器萬不能及。」這種不徹底的洋務運動，當然不能解決國家落後與民族危機等的問題。洋務運動雖是熱烈展開，而且長達三十年，但結果一無所成，在中法戰爭與中日戰爭中證實這場洋務運動，浪費了巨額的金錢，浪費了三十年寶貴的民族光陰。

洋務運動原本是為國家富強而展開，但結果卻是求富不富、求強不強；而在中法戰爭中，中國表現是不敗而敗，法國則是不勝而勝，戰後條約使中國喪失藩屬的宗主權，並讓外國人侵略中國本土，甚至有權在中國建造鐵路。中日甲午戰爭的失利，更令國人失望與憤恨，割地賠款不說，而又開內地商埠，並准日本人在各埠設廠生產，進一步剝削中國的經濟；巨額的賠款，逼使中國大舉借貸外債，扼殺了日後中國財經命脈。總之，這兩次戰役，開啟了列強在中國設廠、採礦、築路等新侵略方式的先聲，也招來中國的瓜分之禍。中國從此更窮了、更弱了。

面對國家如此危迫局面，不少熱血愛國志士為挽救危亡，而作出艱苦奮鬥，其中著名的有孫中山、康有為等人。孫中山早先在中法戰爭前後，即向清廷喊出：「歐洲富強之本，不

盡在於船堅炮利，壘固兵強，而在於人能盡其才，地能盡其利，物能盡其用，貨能暢其流，此四事者富強之大經，治國之大本也。」認為只講船堅炮利是「捨本而圖末」之事，顯然孫中山當時革命思想還不如後來那麼成熟，即使是這樣並不徹底的改革主張，清廷沒有稍加注意，事實上，他的建議書根本沒有上達朝廷。

康有為在同時也提出了救國的主張，他認為應向西方全面學習，尤其在政治制度方面，全國設各級議會，由人民公舉「議郎」參政，凡朝廷內外興革大政、籌餉事宜，都交由他們討論解決，「議郎」們具有「上駁詔書，下達民詞」的權力，顯然他最初提出的主張比孫中山具體很多。

孫中山與康有為是廣東客屬同鄉，又同有改革救亡的宏願，他們本應合力奮鬥，完成救國救民大任；在初期短暫的接觸中，確曾有令人興奮合作的事實，後來終因革命與保皇的理念不同，兩人出身、經歷與階級地位有別，以及一些複雜的人事關係，他們終於教人惋惜地走上不同的道路，分散了救亡的力量，也延誤了救亡的時間進程。

康有為力主保皇是因為他對光緒皇帝寄予重望，這也是可以理解的。事實上，皇帝確也曾對他大力贊助過，並為他下詔宣布改制，例如廢八股、改科舉、設學堂、辦留學、編預算、獎工商、修鐵路、開礦產、練陸軍、造船艦、用洋槍、裁冗員、減機構、選人才等等，都是應康有為等維新派的主張而發的，皇帝如此雷厲風行地降諭改革，也表現了他個人的緊迫感、堅定性以及對康有為等的信心。康有為後來忠誠

不貳的保皇，多少也與報答這份知遇之恩有關，然而改革遇到的阻力與反對勢力極大，維新改革只曇花一現的出現了一百零三天就收場了，皇太后慈禧又臨朝訓政，皇帝被幽禁在瀛臺，康有為等維新人士或逃或死，戊戌年的新政轉眼之間成了過眼雲煙，歷史陳跡了。

從清代中衰到戊戌政變約一百年期間，不知有多少志士仁人為苦難國家作過卓絕艱辛的奮鬥，甚至還有人犧牲了寶貴的生命。以上所述的事跡只是舉舉大者，所舉人物也只是比較特出的幾位，像群星中顯得璀璨的幾顆。然而在當時，包括孫中山在內，他們的光亮也只是短暫的在長空裡閃劃了一下，很快就在無邊的傳統權威黑暗中沉寂了，傳統守舊的力量真是龐大、深廣，令人感傷而又可怕。

本來一種新思想的輸入，一種新制度的採行，一定是會遇到阻力的，這是正常的現象。但是清末從事救亡運動人士所遭遇的阻力與破壞，則是出奇的多，出奇的強，而且有著特別的性質與意義。

中國有著悠久的歷史、博大精深的文化，多年以來一直是東亞唯一的大國，也是東亞的文化中心，因而中國人有著獨大的觀念，以「天朝」自居，其他國家與民族都被視為「外夷」。「外夷」對中國的華夏文化應該謙恭的向心歸順，孟子都說：「吾聞用夏變夷者，未聞變於夷者。」滿洲人雖然本屬「東夷」，但他們入主中國之後，接受了漢人文化，尤其襲用了「天朝」對外的體制，因此也具備著典型的中國文化思想，從皇帝到官紳多半都以為外國是屬邦，通商是對外人施惠，

根本沒有平等外交與重視西洋文化的想法。在這樣的理念下，當然會對強調西洋文化優良的人不能容忍，如徐繼畬的《瀛環志略》一書出版就被批判為「張外夷之氣焰，損中國之威靈」。郭嵩燾的《日記》也被人質疑「嵩燾之為此言，誠不知是何肺肝！」連恭親王奕訢這樣位高權重的皇族，因為他辦洋務，也被人詆罵為「鬼子六」（奕訢在兄弟間排行第六），李鴻章更是「三十年來無時不在被謗」。同文館中天算館招考新生，時人大肆抨擊，認為此舉是「復舉聰明儁秀……變而從夷」。類似的阻力與破壞不勝枚舉，朝野有這種心態的人都相信不可仿效西方，也不必仿效西方。

在中國的社會中，官僚與士紳的人口雖不多；但他們是統治階層，而且也都是受傳統中國文化薰陶過的人，因此他們多有尊古賤今的傾向，並重視德性心靈的修養，基本上他們是認為一切以正統為佳，拯救民族危亡應以重整道德人心為要，學一些西洋雕蟲小技是無濟於事。在經世學者們提倡學習西洋、仿效西洋之時，就有不少人寫出強烈的反對文字，例如有人說：「致古之方，終古不變，……近來條陳時政者，多欲棄中國數千年之成法。……唐虞患洪水，商季患戎狄、猛獸，春秋患亂臣賊子，今日之患未有如侈談洋務之大者。」或者以為「考之六經，從未聞棄舊如遺，悍然以開新為務者。」另外有人從禮義人心為出發點，以為「立國之道，尚禮義不尚權謀，根本之途，在人心不在技藝」，西洋文化只在術數技藝，「未聞有恃術數而能起衰振弱者」。當然很多人仍相信「撥亂反治，措天下唐虞三代之隆，有捷於反手而無難

者」，希望皇帝「正聖學以為天下倡」，不要向西洋學習。

　　也許有人認為皇帝與大臣、士紳們反對學習西洋，是與維護他們自身的既得利益、既有權位有關的，這種說法確是實情；不過當時的市井小民還是有很多人也反對西化，這批低下層人民所造成的阻力與破壞同樣是嚴重萬分。例如他們反對開礦，以為地質探勘會觸及墳山風水；他們反對築鐵路，認為修路會使「山川之神不安」；他們反對機械化的工廠，覺得男女同在一起工作有傷風化，高聳的煙囪破壞風水；反對西洋宗教的理由很多，不但抵制，甚至還發生多起教案，造成社會與外交的問題。總之，當時多數的中國人，包括上層的皇帝官紳，下層的商工農民，受了傳統文化的影響，形成了抗拒接受西洋文化思潮的堅強防線，使學習軍事、政治等等的「師夷之長」的工作不能順利展開，或是根本不能展開。

　　在儒家文化與宗法社會下形成的自然經濟與等級制度，與西歐近代國家的情形實在不同，在很多方面都不能相容，例如人治傳統與法治觀念的不同、貴賤等級與平等原則的不同、中庸主義與競爭意識的不同、忠孝為本與民主待遇的不同、保守心理與創造追求的不同、封閉與開放的不同、重義與重利的不同等等，這些不同點正是清末改革變易的大障礙，從龔自珍與林則徐到奕訢與康有為，沒有人不遇到這些難題，人人都絞盡腦汁來破除這些障礙，以利他們的工作得以推展、理想能夠實現。

　　清末主張變革的人都是經世學者，他們常引用孟子「生於憂患而死於安樂」的名訓，讓自己站穩立場。他們要求變

革是「天下興亡，匹夫有責」的聖賢訓示實踐，表示他們的
行為是與社會責任以及歷史責任有關。當然他們知道只有找
出古聖先賢來幫忙才能說服反對者，才能通過一切阻力。龔
自珍早年提倡改革，他就主張「仿古法以行之」，來「救今日
束縛之病」。他又引《周易》中「窮則變，變則通」以支持他
的興革主張，援《公羊》以經世，說「據亂則然，升平則然，
太平則不然」，他這種「大一統」的三世說是幼稚難通，但他
的苦心則顯見是為反帝制、反封建而找藉口，而意外的也為
假《公羊》以言社會改革開了風氣的先河。魏源以經術為治
術，倡導通經以致用，他認為「能以《周易》決疑，以《洪
範》占變，以《春秋》斷事，以《禮》、《樂》服制興教化，
以《周官》致太平，以《禹貢》行河，以《三百五篇》當諫
書，以出使專對，謂之以經術為治術，曾有以通經致用為詬
厲者乎？」他的改革思想都從古經書裡得來，但改革的事是
否應該舉行呢？他認為「三代以上，天皆不同今日之天，地
皆不同今日之地，人皆不同今日之人，物皆不同今日之物」，
即使「羲皇復生，孔子在世」也「不能不聽其自變」，而且
「變古愈盡，便民愈甚」，這是他想說服人變的招術，還是離
不了古經與古聖先賢罷了。徐繼畬給美國民主政治予高度評
價時，為了讓當時人同意他的看法，及吸引人閱讀他的《瀛
環志略》，他說華盛頓實行民主，「創為推舉之法，幾於天下
為公，駸駸乎三代之遺意」。馮桂芬也稱「三代上固有善取眾
論之法」，並且也在他的著作裡常提「窮變變通」古老思想來
支持他的立論。王韜則更引《周易》作〈變法〉一文以證明

變革是合時宜的,而他談論英國君民共治體制時則說:「民隱得以上達,君惠亦得以下逮,……猶有中國三代以上之遺意焉。」鄭觀應也不例外,不斷地說些「西禮之暗合乎中國古禮之遺意也」,「議院乃上古遺意」,「窮變久通」等等的話,並引四書裡「時中」,「聖之時者」一類的事來佐證變易為必需,很多事是「不能不變,不得不變者」,也是推出一批古人古訓來撐腰。

曾國藩、張之洞等一批在清廷服務的高官,他們在推行洋務新政時,也同樣援經援古,以減少阻力。曾國藩在咸豐初年談論「經濟之學」時,就主張「前世所襲誤者可以自我更之,前世所未及者可以自我創之」,實即變通的理論。自稱是曾國藩傳人的張之洞,後來提出「中學為體,西學為用」,實際上是具體化了曾國藩以及其他先進學者的觀念而成。張之洞說:「不可變者倫紀也,非法制也;聖道也,非機械也;心術也,非工藝也。」又如鄭觀應所說:「道為本,器為末,器可變,道不可變,庶知可變者富強之術,非孔孟之常經也。」可見當時人所提出的變與不變都要援引古聖古書來解釋,這也是時代給予他們的侷限,給予他們的窘境。李鴻章也許因為辦理洋務的實際經驗多,有時他會直接一些地談到變易的道理,他曾引用《易經》來變通道理,分析清末的局勢,他說:「不變通則戰守皆不足恃,而和亦不可久也。」這是「通」、「久」的易理,因而他主張「不可泥成格」,「不可不開風氣」,也就是說按《易經》學說應該變革了。

康有為早年不具官方身分,利益顧慮不多,而他又精通

國學，因而他為推動改革而援引經典與古人的工作做得更好更多。例如他為了動搖傳統儒家的學說基礎，以利他的變法，他就先寫成了兩部書，其中《新學偽經考》是想徹底否定傳統倫理。他認為王莽時代劉歆所爭立的古文經學是偽經，是為王莽篡漢而建立的新朝找憑藉，後世人不辨真偽，以為新學是漢學，實在犯了大錯。宋朝至清朝學者尊奉的漢學，因此也是偽經，「非孔子真經」。他給當時漢、宋兩大學派以致命性的打擊，讓大家對古經發生懷疑，以清除他維新變法的障礙。另一部《孔子改制考》則是考證孔子就是一位改革家，用孔子主張改革為號召，請出孔子作擋箭牌，以利他的變法維新活動。當然康有為後來寫作的《大同書》，則更進一步的強烈反對封建主義，以實現資本主義的君主立憲制度作為「漸入大同之域」的必經道路。這些都可以看出康有為也是感到要改革非先從傳統中國文化思想中尋求援奧不可。他向光緒皇帝上書請求變法時，也說「法《易》之變通，觀《春秋》之改制」，「百王之變法，日日為新，治道其在是矣」，這是借助古史來論證的又一例。甚至連領導革命的孫中山，也知道古老中國的思想包袱沉重，一時是丟不開的，所以他也就共和制度與中國古禮古制作了關聯的敘述：「共和者，我國治世之神髓，先哲之遺業也。我國民之論古者，莫不傾慕三代之治，不知三代之治實能得共和之神髓而行之者也。」

　　據上可知，從龔自珍、徐繼畬到康有為、孫中山，無論他們提出的是哪樣改革，他們多多少少的都用上《易經》等書與三代之治的思想，或孔孟的大道理來披荊斬棘，清除改

革路程中的障礙。有趣的是，反對洋務改革的人也援經引古地抨擊洋務之不可行，「用夷變夏，即可自強，此大誤也」，而且中國仿效西洋之後，「不數十年，衣冠禮義之邦，將成獸蹄鳥跡之區」，其害不可勝數。這種想法一方面表現了傳統儒學的綿延力量，同時也透現了傳統儒學的困乏境地。這也就是清末西方學說思想傳入中國過程中，傳統中國文化思想既是助力也是阻力的一項原因。

戊戌政變以後，使很多有心改革的人意識到，體制內的變法是不可能了，而以前主張「中體西用」的人也有與守舊派合流的了，因而在若干人的心目中逐漸產生更激烈的改革思想。加上義和團與八國聯軍等事件的創傷刺激，清朝皇室的權威盡失，更新的思潮與更新的改革行動，便在這些新的國內條件與外來影響下應運而生了。

說起新思潮當然與西洋文化思想傳來中國有關，除了早期的如林則徐那樣收集西洋資料以外，隨著中外關係的發展，西洋文化的傳入中國又多了一些媒介，如來華的西洋人，中國出洋考察的官員以及出洋讀書的留學生等等，他們對中國思想界的影響很大，貢獻也多。西洋外交人員、教士與商人來華，他們都希望中國能更開放，改變封閉作風，以便他們的工作與其他目的達成，特別是一些傳教士，因與中國人民接觸面廣，他們通過交談、報紙以及零星的書刊向中國人介紹西方社會，包括議會民主制，像三權分立制、天賦人權說等等，都陸續為中國知識分子知曉了。早期清廷派出國外的考察官員也因目睹西洋的議會民主制度，心生羨慕，不少人

回國後都在報告中說外國的「政事綱舉目張，繁然可觀」，也有說「英美各邦所以強兵富國、縱橫四海之根源」就是在議院。清朝大量派遣留學生出國是受了西洋船堅炮利的打擊之後，因為要興洋務必需有通曉西學的人才緣故；不過在同光之際，官派留學生都是年幼的子弟，所學的又是自然科學，並且怕他們在海外滯留過久而成為無父無君的叛徒，因而在一定的年限內就命令他們回國。綜合說來，光緒以前，西洋文化思想確已不斷經由上述的這些管道傳來中國了，也確實影響到中國的不少知識分子；但是當時具有經世思想的官員學人還只在批判朝廷政治上的一些缺失，幾乎不見有人非議皇帝本人，更不可能有倡議革命的言論。

　　甲午戰爭一役以後，情勢大有不同，日本島國竟能擊敗天朝，向日本學習乃成為時尚。八國聯軍之後，清廷為討好知識分子，以留學為新政的措施，因此留學熱潮大興，而留學生又以日本為對象的居多，後經中山先生在日本的宣傳奔走，留日學生中由愛國而轉向革命的乃大有人在。

　　出國的留學生多了，使得光宣之際的中國知識界以留學生為主體，而留學生多關心國事，他們創辦刊物，發行報章，有宣傳民主革命思想的，有宣傳無政府主義思想的，有著重排滿反清的，有專門反對舊禮教的，也有宣揚改良主義的，甚至強調國粹的，真是中外文化兼有，新舊思想雜陳，不過，所有的報章雜誌，都以廣泛傳布西洋思想為多，而對民主革命有著推進的裨益。

　　當新思想經由報刊大量傳入之後，適應新潮流的主張與

行動也跟著產生了。不少文字中揭露清朝媚外「寧贈友邦，勿與家奴」的罪行，並說清朝是「洋人的朝廷」，「替洋人作一個守土長官，壓制我眾漢人拱手投降」。清朝又有種族歧視與種族壓迫的紀錄，滿洲人是漢人「公仇」、「公敵」，因此應該排滿反清，這比早先僅僅想變改一些制度，不敢侵犯神聖的皇權情形，真有天壤之別。

排滿的最終目的是推翻滿清，建立新政權。封建專制的制度不好，當然就提出民主共和主張，鄒容在他的《革命軍》一書中就明確的給新國家命名為「中華共和國」，而這個新共和國是 「中國人之中國」，「不許異種人沾染我中國絲毫權利」，並且要殺掉滿洲皇帝，推翻滿洲野蠻政府，敵對一切干預中國革命的中外人士，言論激烈得無以復加。另外在書中又談到不少人權與自由的主張，都是身處專制時代人們不敢想像的事。

共和思想以孫中山所提出的民權主義最為進步，以徹底推翻封建制為基本內容，達到「驅除韃虜，恢復中華，創立民國，平均地權」的目標。他特別強調人民應有選官之權，罷官之權，創制法之權，複決法之權，中國數千年專制體制也就在民權共和思想潮流中被淹沒。

在清朝末年，有些主張改革或革命的人，他們在海外受到另一類新思想的影響，提出無政府的主張。他們當中有以留學歐洲為主的，如李石曾與吳稚暉等人，有以日本活動為主的，如劉師培、何震等人。前者認為無政府是他們的終極目標，但經過政治革命以後勢必有一段過渡期才能達成社會

革命，因此國家與政府不能立即廢除，而這個「過渡物」就是先建一個共和制度。至於如何推翻滿清，他們認為「以言論書報而成革命」，或以「較為簡單」的手段暗殺來進行革命，必要時再從事武裝起義。此外，這派人也批判封建文化，特別要「首先革孔丘的命」，甚至主張「盡革其（孔子）一生之言行，分門論著」。他們也提「三綱革命」、「聖賢革命」、「家庭革命」等等，認為以往的那些偽道德都是迷信，有背科學。後者則是以東京為中心，他們的無政府主張與前者略有不同，由於他們視政府為萬惡之源，所以強烈主張「掃蕩權力，不設政府」，並還要「廢兵廢財」，以實行人類完全的平等。他們實行無政府的方法以書報宣傳為主，不重視武裝革命，以罷工、抗稅、暗殺為手段，當然這是接近天真的一種說法。這一派人又熱衷提倡婦女解放，但方法與觀念都很模糊，甚至將它與社會解放本末倒置，非常不切實際。至於他們對中國古老文化的看法，劉師培等人也與李石曾等人的想法不同，他們鼓吹保存國粹，並提倡國學的國粹主義思潮。

　　劉師培重視國粹，可能與他也是當時國粹主義派的一員大將有關。在清朝末年以國學大師章太炎為首的一些人，認為中國人自甘暴棄，不知中國的長處，以致漸失愛國愛種的精神，國粹派乃「發明國學，保存國粹」，進而保國保種，他們為了「嚴內夏外夷之大防」，認定中國應為漢族統治，滿清政府一定要推翻，這對辛亥革命的成功多有神助。不過他們之中也有不少爭論與矛盾之處，例如有人堅持傳統，反對一切西學，有人則想藉激發愛國主義，反對西化，理念頗有不

同。另外在國學的定義上也認知分歧，有人主張孔學即是國學。但也有人說孔學只是國學的一部分，應該還有其他的國學，無異是對孔學的獨尊發起了挑戰。

以上林林種種，可以看出在清末國勢衰微、君權不振、列強入侵，以及西學東漸的多項原因下，中國知識分子由憂患意識的高漲、救國救民心懷的實踐，研發出了很多不同的主張，由政府內部小幅度改革，到改君權專制為君主立憲，甚至後來變成排滿、共和、革命、無政府等等激進思想，真是百家爭鳴、百花齊放。新思潮、新主張終於為清廷敲響了喪鐘，也把中國專制封建政體帶進了歷史；不過這些鮮明活躍的思想，並沒有隨著清朝覆亡而消失，反而成為日後五四運動的思想動力根源。

另外，五四運動的思想動力也許可以溯源於更早，此事我們可以從歷史中得知。以民主思想一端而言，本來中國專制主義理論與西方民主思想是水火不容的，但是在中國傳統的思想中，先知者發明了一種民本思想，這種表面上以民為主，但實質上權不在民的主張，雖不為君主所樂意接受，但因最後獲利者還是君主，因而此一「民貴君輕」之說在中國存在了數千年，並為大家所熟悉；尤其在國家社會出現危機時，常會被人提出，作為攻擊舊制度的藉口，對君權非議的依據，明清之際的黃宗羲、王夫之以及十九世紀末的馮桂芬、鄭觀應，都是典型的事例。不過自從自強與洋務等運動失敗之後，特別是甲午戰爭敗於日本，不少推動救亡運動的人相信一紙憲法勝過百萬雄兵，他們乃給傳統的民本思想加以新

詮釋，增添新意義，西方民主思想因而進一步在中國得到更好的宣揚憑藉，更容易被人接納了。例如康有為竭力建造堯、舜、孔、孟為開創民主制度的先聖先賢；嚴復說孟子「民貴君輕」主張是「古今之通義」；革命派人士則把民本學說與盧騷的《民約論》相提並論等等。他們這種既合古訓也合時宜的戰略，使得西方民主思潮波瀾壯闊，不可抑止。清朝政權可以覆亡，洪憲帝制可以告終，但這股民主巨流愈流愈廣，成為五四運動以及中國日後政治社會改革的基本動力。

　　再以科學一端來說，在明朝末年，因為內憂外患、國弱民貧，有識的政治家與思想家們，乃在「富國強兵」的願望下接納了西洋科學。清末洋務運動期間，可以說是引進西方自然科學的第二次高潮。明清之際側重理論科學，清末則側重實用科學，此為前後不同之處。洋務派由於急功近利，只重機器的實用性，尤其視造船與造炮為先務，因而忽略了科學理論的重要性，這當然與時代背景有關。洋務派又想將西方機器之學納入中國封建母體之中，提出「西學為用」的口號，但封建的「體」從根本上就與西方近代科學有嚴重衝突，因而當時要發展科學仍是阻礙重重。不過，清末引進的科學，在內容上相當廣泛，而當時國內傳播媒體又多又快，所以影響也變得巨大而廣深了。洋務運動的實用科學雖成效不彰，卻為維新與革命時期的理論科學與思維方法提供了養料。無論是康有為、嚴復、章太炎或譚嗣同、孫中山，各從不同角度接受洋務運動時期傳入的科學知識，把傳統的社會進化觀念建立在堅實的自然進化史上，從而思考，提出新的進化觀，

構成他們自己的哲學體系，並作為他們變革政治的新思想武器，西方自然科學在中國社會科學方面產生了質的巨變，這是洋務派西化的另一大貢獻。此外，清末推動仿行西洋科學的人，大都忽略了科學與工業不可分的辨證關係，不知工業發展與科學發展是相陳相因的，而只引進成果，不研究科技本身，這一缺陷到辛亥革命後不久，「科學社」成立，《科學》出現時，有了顯著的改變。參與五四運動的人最理解這一點，這也是他們高舉科學旗號的一個原因。

最後再從實驗主義一端來看。在五四運動時期，特別是運動後十年之間，實驗主義的思潮支配著整個中國思想界。實驗主義是重事實而輕通則的一種主張，其基本態度是講求科學試驗或歷史證據，認為生活就是對付人類周圍的環境，而思想是應付環境最重要的工具，真正的哲學是解決人的問題。實驗主義者不尚空談，以為知識應切合實用。這一派人主張平民政治，反對暴力革命，雖然有人說美國人杜威 (John Dewey) 的這一實驗哲學是由胡適等人介紹來中國；但胡適本人也是傳統型的中國經世學者，他在杜威來華之前，甚至在杜威出版專著之前，他就提出「今日吾國之急需，不在新奇之學說，高深之哲理，而在所以求學論事觀物經國之術」，此一「經國之術」，實質上就是「經世致用」之方。五四運動時的學術思想界領袖人物中如蔡元培等人，也都是崇尚實用主義哲學的，其中最大原因是實用主義的價值能夠滿足當時先進人士倡導科學與民主的要求，大家都想以哲學思想來解決「人的問題」，都嚮往平民政治，這是與清末「以國家興亡為

己任」的志士們在思想上有一致性，這也是西方實驗主義當時能吸引極多中國知識分子的原因所在。

中國儒家的經世學者，都抱有積極進取的人生態度，都想透過治理天下來表現其入世精神，他們認為理想的人生是以從政來領導社會、安定國家或挽救國家於危亡，因此他們非常講求務實、著重致用，清末從事各項救亡運動的人也都是如此。西方古典科學原本以希臘科學為代表，但經歷文藝復興運動之後，他們產生了以實驗為基礎的近代科學，奠定日後以經驗即生活的哲學基礎，並重視實用、關切人的周遭環境。中國經世學者既有務實致用的價值取向，當然也就具備了吸取與接納西方民主思想、科學理論與實驗主義等的條件了。五四運動思想動力來源也許由此可以看出一點端倪來。

青出於藍：一窺雍正帝王術
陳捷先／著

清代帝王硃批奏摺，是為了向臣子發布命令、傳達信息，所以康熙說「朕，知道了」，但雍正不僅只於此。雍正的硃批諭旨其實不只是行政奏章，裡面還有耐人尋味的帝王統御之術，可謂是「青出於藍」啊！想重新認識這位有血有肉的帝王嗎，讓雍正親口說給你聽！

滿清之晨：探看皇朝興起前後
陳捷先／著

努爾哈齊是滿清的奠基者，皇太極是滿清的創造者。他們的豐功偉業在官私檔案中皆有可觀的紀錄，卻也留下不少史事啟人疑竇：究竟《三國演義》與滿族的建國大業有無關係？皇太極為何愛哭？皇太極真的會解夢、預言嗎？本書即以史料為憑據，解答上述疑問，同時引領讀者一窺努爾哈齊、皇太極的智慧與權謀。由於努爾哈齊與皇太極在滿洲文字的發明、改良與推廣上著力甚深，因而產生大量的滿文書檔。本書亦就部分滿文書檔進行剖析，使讀者能了解滿文資料的內容與價值，並且認識舊時滿族的生活文化。

透視康熙
陳捷先／著

愛新覺羅・玄燁是順治皇帝的第三個兒子，他既非皇后所生，亦非血統純正的滿族人，卻因出過天花而得以繼位，成為著名的康熙皇帝。他對內整飭吏治、減輕賦稅、督察河工，年未及三十便平定三藩，為大清帝國立下根基。長久以來，康熙皇帝在各式影劇、小說的詮釋下，傳奇故事不絕於耳，然其內容或與史實有些許出入。本書係以歷史研究為底本，暢談康熙皇帝的外貌、飲食、嗜好、治術和人格特質，不僅通俗可讀，其所揀選分析之史料也值得細細品味。

明清史
陳捷先／著

當過和尚的朱元璋如何擊敗群雄、一統天下？明朝士大夫們各立門戶、互相攻訐，他們在爭論什麼？何以神宗皇帝二十多年不肯上朝理政？順治帝有沒有出家五台山？雍正有沒有改詔奪位？乾隆皇究竟是不是漢人？本書作者憑藉著豐富的學養和深厚的語文造詣，爬梳大量的中外文及滿文史料，澄清不少野史及戲曲中的繆誤傳說。中國歷史悠久綿長，明清兩代是上承帝制下啟共和的重要關鍵時期。作者以深入淺出的筆法，清晰地介紹明清兩朝的建國歷程和典章制度；並以獨到的見解，臧否歷任帝王治績、析論兩朝盛衰之因，值得關心明清史事的人一讀。

族譜學論集

陳捷先／著

自古以來，中國就非常重視家族，《堯典》、《周禮》中已對維繫家族精神提出了一些主張。秦漢以後，因歷代世變的影響，中國族譜隨之有了精進發展，特別是在唐宋時期考試制度的嚴格實行與新儒學的建立，中國族譜學有了新內容與新體例，並且漸次傳播到了韓國、日本、琉球、越南等東亞文化圈的國家。清代更是中國族譜學在廣度與深度上有著更新發展的時代，值得探討研究。

本書為作者多年來對中國，乃至韓國、琉球族譜深入研究的成果，書中並收集了許多散失在海外的古中國族譜資料，對中國及東亞的譜學研究深具影響，亦希冀在闡揚倫理、安定社會等方面有所貢獻。